时代楷模

2021

福建省“漳州110”

人民的保护神

中共中央宣传部宣传教育局　编

学习出版社

图书在版编目（CIP）数据

时代楷模. 2021. 福建省“漳州110” / 中共中央宣传部宣传教育局编. -- 北京 : 学习出版社, 2022.3

ISBN 978-7-5147-1077-9

Ⅰ. ①时… Ⅱ. ①中… Ⅲ. ①警察－先进事迹－漳州－现代 Ⅳ. ①K828.2

中国版本图书馆CIP数据核字（2021）第205224号

时代楷模·2021——福建省“漳州 110”

SHIDAI KAIMO · 2021 —— FUJIANSHENG “ZHANGZHOU 110”

中共中央宣传部宣传教育局　编

责任编辑：张　俊　朱仕娣
技术编辑：刘　硕　朱宝娟
装帧设计：楠竹文化

出版发行：学习出版社
北京市崇外大街11号新成文化大厦B座11层（100062）
010-66063020　010-66061634　010-66061646
网　　址：http://www.xuexiph.cn
经　　销：新华书店
印　　刷：北京盛通印刷股份有限公司

开　　本：710毫米×1000毫米　1/16
印　　张：9.5
字　　数：119千字
版次印次：2022年3月第1版　2022年3月第1次印刷

书　　号：ISBN 978-7-5147-1077-9
定　　价：32.00元

目录

CONTENTS

报道·视角

舆论·反响

评论·观点

文学·故事

视频·链接

州市公安局巡特警支队直属大队
漳州110

人物档案

“漳州110”是福建省漳州市公安局巡特警支队直属大队的简称，其前身是成立于1986年的漳州市公安局芗城分局治安巡逻中队，是全国公安机关最早实行警务机制改革的基层单位。1990年引领全国建立110报警服务台和快速反应机制，实行巡逻与接、出、处警一条龙服务的警务机制，开创警务改革先河。1996年8月，公安部在漳州召开现场会总结推广其先进经验，推动全国各地开通110报警服务台，使110成为人民警察队伍的标志性品牌。1997年11月，国务院授予其“人民的110”荣誉称号。

建队以来，“漳州110”3次荣立集体一等功，连续6届被评为“全国文明单位”，连续11年被授予“全国青年文明号”并荣获“全国青年文明号十年成就奖”，获得“人民的110”荣誉称号、“全国先进基层党组织”“全国人民满意的公务员集体”等50次省部级以上重大集体表彰。2021年1月10日首个“中国人民警察节”之际，被中共中央宣传部授予“时代楷模”荣誉称号。

报道视角

永做人民的 110

钟自炜

“有困难，找 110”，如今耳熟能详的一句话，源自福建漳州。

1990 年 12 月，漳州在 110 报警台基础上增加“服务”二字，在全国首创“110 报警服务台”和快速反应机制，开启了维护治安与服务群众并重的先河，“110”这个号码就此为百姓所熟知。

“一心为民，永做人民的 110”，30 年来“漳州 110”的庄严承诺不改，始终坚守为民情怀。

“人民的满意就是我们最大的心愿”

7 个人、3 支枪、1 辆三轮摩托车……1990 年，“漳州 110”在这样简陋的条件下建立。当年 10 月 23 日，漳州芗城区一名孕妇报警求助，称其要分娩了，可丈夫外出，当地又举目无亲。“漳州 110”接警后及时将其送入产房，孕妇顺利生产。

事情虽小，却引发了全队内部大讨论：“警察到底是干什么的？警察的职责是打击犯罪、维护治安。送孕妇之类的事，我们要不要管？”

几天后，那名被救助的孕妇刚出院，就抱着孩子，拿着鸡蛋、红

“漳州 110”号召群众监督工作

糖来到队里。“‘漳州 110’是我们全家的大恩人！”孕妇的一句话，让讨论有了答案。1990 年 12 月，“漳州 110”在原来 110 报警台的基础上增加“服务”二字，在全国首次发布“人民群众有困难，需要警察帮助的，均可拨打 110 电话”的公益广告。

“人民的困难就是我们的困难，人民的满意就是我们最大的心愿。从‘110 报警台’到‘110 报警服务台’，‘服务’两个字，开启了人民警察职责的新篇章。”漳州市副市长、市公安局局长林晓东表示。

“‘漳州 110’，还是一样好！”相隔 11 年，两次营救均赢得群众夸赞。2006 年 5 月，超强台风“珍珠”来袭，地处低洼地带的芗城区待御新村有数十名群众被积水围困。时任三中队中队长郑瑞钟带领队员逆水前行，“一个不落”将群众救出；2017 年 6 月 2 日，漳州市 3 小时内降雨量达 100 毫米，待御新村再次被积水包围。六中队中队长游文明冒雨蹚水，从齐腰深的积水中救出一名被困的残疾女孩，队员们连续作战，最终将所有受困群众转移至安全地带。

建队以来，“漳州 110”总计 112 人次立功受奖，其中一级英模 1 人、二级英模 5 人（次）。42 批次 500 余位民警无一人违纪违法。仅 2016 年以来，群众就给“漳州 110”送来锦旗及感谢信 947 面（封）。

“一切都是为了更快一秒”

2020 年 12 月 24 日 8 时 23 分，“漳州 110”指挥中心接警，芗城区 909 医院内一辆电动车被盗。几分钟内，快速侦查启动，前端路面处民警及时调取周边监控传至后台。9 时 35 分、9 时 45 分，又接到两起电动车被盗案，经视频侦查，3 起案件嫌疑人为同一人。11 时 07 分，侦查发现嫌疑人通过呼叫货运小车转移电动车，后台随即进行车牌识别、联系货车司机，令其将所拉电动车运回市区。11 时 43 分，“漳州 110”顺利拦截货车，现场追缴 4 辆被盗电动车。此时，距接到首通报警电话仅过去 3 个小时 20 分钟。

“快，是我们的生命线。一切都是为了更快一秒。”“漳州 110”大队长黄海强说，“更快更灵，就是要第一时间减少群众受到伤害，第一时间找到报警渠道，第一时间赶到事发现场，第一时间高效依法处置。”

更快更灵的“漳州 110”如何炼成？30 年来，改革创新的脚步从未停歇：1996 年建立全天候巡防网络，变“坐等接处警”为“就近接处警”；2000 年实施巡指分离，完善点对点、扁平化指挥；此后，又率先实行 110、119、122“三台合一”，创新“海上 110”，率先实现 110 指挥体系“海陆并网”。

“与传统的以派出所为驻点不同，我们‘永远在路上’。”黄海强介绍，漳州将市区划分为 11 个网格，同时在城区 4 个重点部位设置固定站勤点，派出警力在责任网格开展车巡、步巡，实现 24 小时全天候接处警和巡逻防控。“巡防模式下，一旦发生警情，警力可第一时间到场处置。”黄海强说，目前，“漳州 110” 5 分钟内到场率达 86.04%，10 分钟内到场率基本实现 100%，“两抢”破案率达 100%。

止于未发，是“漳州 110”的又一特色：通过梳理重点区域、重点部位，主动调整警力部署，有效预防违法犯罪。黄海强介绍，如今漳州多发性侵财案件比 2016 年警务改革前下降 46.2%。

2021 年 1 月 1 日，“漳州 110”全力推进全息作战体系建设，成立合成作战中心，整合刑侦、技侦等部门，推动从快接、快处到快侦、快破、快挽损的再升级。

“人人都是 110”

2020 年 5 月 26 日，芗城区岱山村网格员林伟雄接到“漳州 110”的电话。原来，当天 16 时 30 分，芗城区发生一起手机盗窃案，经摸排发现嫌疑人落脚在岱山村一带。

林伟雄通过排查很快锁定目标，27 日 22 时，嫌疑人在林伟雄敦促下自首，被盗手机被成功追回。

这是一起“社区（乡村）110”协助破案的典型案例。“社区（乡村）110”是在“漳州 110”基础上创新的城乡社区网格治理“2+N”模式，“2”是城乡社区农村的网格员和民警，“N”是治安巡防队、法律援助队、志愿服务队等若干支专门队伍。

“群众有需求，可以就近找我们，既减轻了民警接处警压力，又增强了群众获得感、幸福感、安全感。”林伟雄说。

“以‘漳州 110’为抓手实现共治善治，我们希望人人都是 110。”漳州市委书记邵玉龙表示，瞄准基层社会治理需求，“漳州 110”辐射效应全面显现——设立“反诈110”，健全完善反诈骗智慧信息系统；成立“交通110”，与城管等部门联动，共同负担抢险救灾、应急增援等任务；建立“民生110”，推动64个市直部门联勤联动，2019年受理有效事项59038件，及时查阅率100%，按期办结率99.99%，满意率99.46%；创立“民间110”，研发推广“芗里芗亲”APP，会聚4485支平安志愿者队伍29.4万人，设立10余项便民服务项目。

“以人民为中心、做人民的保护神，是‘漳州110’精神的核心内涵。”邵玉龙表示，“我们将以‘漳州110’为代表，不断提高政府职能部门的服务水平，持续探索保护人民和服务人民的创新路径。”

《人民日报》2021年1月10日

"漳州 110"信得过的"老字号"

张　洋

"嗖"地冲出去，再"嗖"地冲回来，1 分钟上个厕所，10 分钟吃顿午饭，其他时间就"钉"在工位上，不停地接电话——这就是福建"漳州 110"报警服务平台民警工作状态的真实写照。

1990 年 8 月 1 日，漳州市公安局芗城分局治安巡逻中队建立了 110 报警服务平台。1996 年 8 月 27 日，公安部向全国公安机关发出"向'漳州 110'学习"的号召。30 多年来，面对不断变化的社会治安形势和人民群众的需要，"漳州 110"坚持在实践中探索、在改革中创新，努力做到及时准确高效地让每一位群众的急、难、险情都有着落、能化解，是人民群众信得过的"老字号"。

"当一位群众拨打 110 报警电话，他最希望的就是一个字：快！快点收到平台的反馈，快点见到出警的民警，快点得到帮助和守护。"在"漳州 110"，一位民警这样告诉记者。

2016 年 9 月 19 日傍晚，漳州市公安局巡特警支队直属大队五中队民警帅云飞刚刚与同事交接班，就接到 110 平台指令：一女子报警称在龙文区万达路段被飞车抢夺，丢失手机一部。嫌疑人驾驶白色踏板摩托车，身穿黑色上衣，佩戴头盔，疑似往江滨路逃窜。

“漳州 110”民警抓获犯罪嫌疑人

指令传来，根据“首接首责、就近派警、梯次投送”原则，两组巡逻梯队迅速展开行动——624 梯队离受害人最近，3 分钟内赶到案发现场与当事人会合；帅云飞所在的 621 梯队管辖江滨路片区，立刻根据指令搜寻嫌疑人。从接到报警到抓获嫌疑人并找回手机，仅用了 15 分钟。

这样的反应速度，得益于“漳州 110”在 2016 年 7 月 1 日启动的新一轮勤务改革。据漳州市公安局巡特警支队队长李海宁介绍，“漳州 110”根据警情分布情况，将市区划分为 11 个巡逻警区，24 小时保持 16 个梯队、40 名警力在路面巡逻执勤。执法执勤中，路面巡逻民警通过个人移动警务终端实时与 110 指挥情报中心保持联络，一旦发生警情，110 指挥情报中心直接向最近的民警发出指令，第一时间赶赴现场。

在漳州市公安局110指挥情报中心，记者看到，借助高清监控探头，整合社会面视频资源，全市路面情况尽收眼底。指挥情报中心民警告诉记者："接到警情后，指挥中心通过视频画面和GPS定位，迅速锁定重点区域，指挥调动周边民警进行快速处置，并根据警情类型，调配派出所、刑侦、禁毒等警力资源及时增援。"

据统计，自新勤务模式运行至今，"漳州110"共接处警8896起，日均111起，其中共抓获嫌疑人376名，日均抓获4.7人。

采访中记者了解到，和全国各地的110一样，"漳州110"也面临各类社会求助类报警占用过多警力资源，有限的警力资源被大量消耗，同时间发生的那些真正危及群众生命财产安全的重大警情很可能因此延误等问题。

如何快速分流非警务类警情，使群众得到更便捷贴心的服务？"漳州110"依托"数字城管"服务平台，整合市联动办、12345市长热线等职能，使公安110与"民生110"无缝对接，形成了110管警务，12319、12345管民生的"大110"联动格局。

"为确保顺畅对接'公安110'，我们与市公安局建立定期会商工作机制，共同梳理需联动部门直接受理或公安先期处置后联动单位快速到场移交的民生服务类警情。"在漳州市城市管理执法服务局，指挥中心副主任曾晓毅向记者介绍。

记者看到，包括水、电、燃气等6类34项非警务类警情，都统一分流至"民生110"平台，由城管局负责对接。2016年5月以来，城管局共受理由公安110电话转接或系统推送的求助类警情516起，处置率达到100%。这既让有限的警力用在了刀刃上，又提升了"民生110"服务效应，实现了合作双赢。

《人民日报》2016年9月22日

刻在人民心中的代号

——记“漳州 110”警队

吴剑锋　董建国

“远亲不如近邻，近邻不如‘漳州 110’”，在福建漳州，这句话陪伴了一代代人成长。

“漳州 110”是人民群众对漳州市公安局巡特警支队直属大队的简称。自 1990 年 8 月成立以来，这个符号守护了当地百姓 30 余年。“已过而立之年，队伍为谁而立？”站在新的起点，面对初心之问，“漳州 110”用行动书写了一份题为“人民”的答卷。

“人民的守护神”

在“漳州 110”事迹展览馆内，三面锦旗颇为醒目。它们中，两面来自福建省委省政府和国务院，而摆在最前面的，则来自一名普通受助群众，上面绣着“人民的 110”几个大字。

对“人民”的珍视体现在每个细微之处。队伍的功勋荣誉墙上，400 余面群众自发送来的锦旗被高高悬挂于展馆顶部，寓意着“人民至上”。

这是队伍一以贯之的精神。2018 年 6 月，在接到指挥中心指令称

民警对着“人民的 110”几个大字宣誓

附近一小区民居起火后，入队不久的民警徐毅和陈超 2 分钟内便赶到现场，面对无人应答的铁门，陈超一咬牙，硬生生拉开门上的钢管破门而入，将火扑灭。

徐毅说，尽管陈超的手被钢管割得鲜血淋漓，整个救援过程很危险，但两人觉得一切付出都值得，“漳州人民已经习惯遇到困难就拨打 110，这是沉甸甸的信任，也是对我们的肯定”。

队伍成立以来，类似的故事不胜枚举。大到徒手夺刀、飞檐走壁救下轻生女孩，小到送迷路老人回家、为市民找回失窃的电动车……当地百姓津津乐道的故事里，总有这支队伍的影子，“漳州 110”因此被称为“人民的守护神”。

“30 多年来，手段在变，队伍在变，但‘人民至上’的核心理念不会变。”“漳州 110”现任大队长黄海强说，围绕人民所需，为群众创造更有获得感、幸福感、安全感的生活体验是“漳州 110”长期追求的目标。

改革的“急先锋”

下午 3 点，漳州市公安局 110 指挥情报中心的地图上，每起案件的报警情况、处警调度信息实时传输，各流程间隔不过几分钟。

用兵贵在神速。面对瞬息万变的警情，早在建队之初，“漳州 110”便围绕“更快更灵”探索机制创新——1996 年，率先建立全天候巡防网络，变“坐等接处警”为“就近接处警”；2000 年，实施巡指分离，完善点对点、扁平化指挥，建立“点、线、面”立体化巡防机制；2016 年，探索构建“四警四化”警务新机制，为警务工作迈向现代化作出大胆尝试……

民心所向，剑之所指。“正是一件又一件民生小事，促使我们从零出发。”黄海强如是阐释“110”的另一层含义。

一组数据见证了改革成效：5 分钟内到场率超过 80%，10 分钟内到场率基本实现 100%，群众满意率始终保持 100%……

探索并未止步。近年来，“第一时间赶到现场”已无法满足群众的诉求，如何“第一时间减少群众受到的伤害”成了新的期盼。为此，漳州市公安局打造全息作战体系，组建 110 合成作战中心，在集结了治安、刑侦、经侦等力量后，一线处警同时后台同步办案，巡警队伍完成从“快接快处”向“快破案快挽回”转型，工作效能进一步激发。

目前，全息作战体系已初显成效。1 月 2 日，有群众报警称自行车被盗，合成作战中心协同芗城分局开展研判工作，快速调度路面 110 梯队，仅用一个半小时便将两名嫌疑人抓获。

在黄海强看来，“敢为人先、永不止步”是队伍得以长青的精神特质，“‘漳州 110’成长的过程，就是围绕社会发展和老百姓需要，不断打破体制机制，充分发展自己、自我加压的过程”。

永不褪色的铁军

从最初的 7 个人、3 支枪、1 辆三轮摩托车，发展到如今的 9 个中队、240 余名警力，走进新时期的“漳州 110”面临一个无法回避的课题：如何传承使命，永葆铁军本色？

答案写在每个队员的红袖标上。每年 11 月 26 日是“漳州 110”的警队荣誉日，这一天，新警员将得到一枚有单独序号的红袖标，出队时，红袖标会被装裱起来，作为他们的出队礼物。

“过去通过红袖标，群众可以一眼认出我们，延续这一传统是希望大家能传承这种精神，自觉维护队伍的荣誉感。”二中队指导员蔡权泉说。

红袖标带来的使命感往往伴随队员一生。出队后，民警林泽斌将红袖标摆在办公桌前，以此提醒自己，“虽然出队了，但曾是这里的一分子，不管身处何地，都要继续发光发热。”

建队以来，“漳州 110”43 批次 520 位民警无违纪违法行为，112 人次立功受奖。功勋背后是铁一般的纪律——实行“一日生活条令化”，细致到被子怎么叠、鞋子怎么摆；进行内务条令夺标、基础体能达标、执法资格考试三类竞赛；突出领导干部以身作则，以“传帮带”形式“一级带着一级干”……“漳州 110”队员平均年龄只有 30 岁，对大部分人而言，这里既是队伍，也是学校。

出生于 1995 年的潘隽超 2020 年 9 月加入队伍，他印象最深的是师傅“拼命三郎”的作风，“夜班路面巡逻规定凌晨三点就可以停靠路边休息，师傅则会带头巡逻到五六点，他常说，这是盗贼出没的高发期，如果我们睡着了，怎么对得起打击犯罪这项工作。”

“‘漳州 110’的历史就是一部以人民为中心的奋斗史、发展史。30多年来，队伍始终初心不改、本色不变，把‘人民的保护神’镌刻在自己的旗帜上，恪尽职守、赤诚为民，践行人民公安为人民的庄严承诺。”漳州市副市长、市公安局局长林晓东说。

新华社福州 2021 年 1 月 9 日电

“漳州 110”：29 年坚守为民初心 群众信赖是最大的荣誉

郑 良 王 成

在福建漳州，“远亲不如近邻，近邻不如‘漳州 110’”的说法深入人心，口口相传。

成立 29 年来，“漳州 110”始终坚守为民初心，服务人民与打击犯罪并重，赢得了群众信赖，被誉为“人民的保护神”。

人民性始终是“漳州 110”的鲜明底色

从建队之初承诺“全天候接受群众报警求助，有危难均可拨打 110”，到打造现代警务机制适应人民群众新期待，人民性始终是“漳州 110”的鲜明底色。“警情就是命令，号令就是行动，这已经融入‘漳州 110’每位民警血液。”漳州市副市长、市公安局局长黄华安说。

采访中，群众向记者讲述了“漳州 110”服务群众的一个个感人故事：市民许明霞骑电动车在路上突然晕倒，巡逻民警把她护送回家；高三学生吴品仪的电动车在小区门口被盗，民警只用了两个小时就把电动车追回；小区老太太深夜遭遇醉汉敲打房门，民警在门前为其值夜……

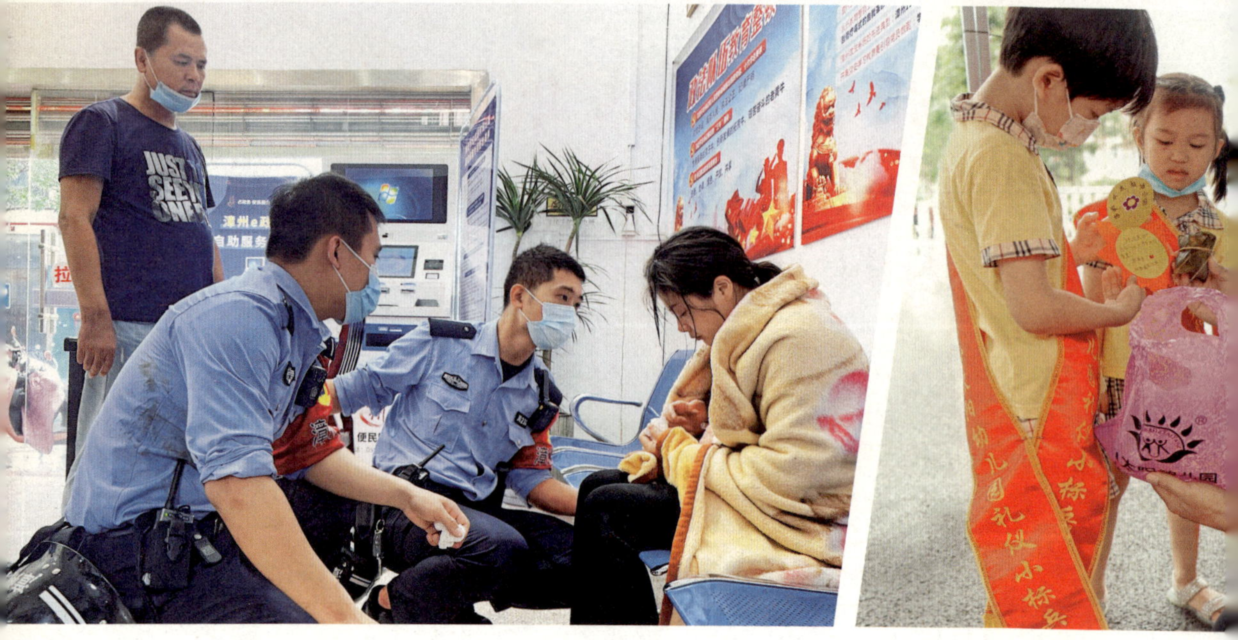

“漳州 110”日常帮助妇女、儿童、学生

群众咨询、求助等占到 110 报警的绝大多数，如何将有限的警力更为合理地运用，是 110 面临的难题。

记者采访发现，经历多轮警务改革，“漳州 110”在专业化、智能化等方面有了极大提升，通过整合政府各职能部门资源，64 个部门联动，目前绝大多数非警务类报警通过全市“12345”平台分流转办。

在漳州采访期间，记者随 110 民警在市区主要街道巡逻，上午 10 点到 12 点共接处警 3 次，一次是邻里纠纷，一次是房东和租客间纠纷，一次是人员走失。接警后，巡逻民警均在 5 分钟内赶到现场，帮助群众及时解决了困难。

“很多群众求助事项很难区分警务或非警务，有的也不属于哪个职能部门管理，但群众信赖 110，在力所能及范围，我们都会热情服务，帮助解决难题。”“漳州 110”民警王微说。

漳州市委党校教授王崇文说：“29 年来，正是在服务人民方面下了笨功夫、苦功夫，‘漳州 110’才真正建立了和群众的鱼水深情，赢得了群众信赖。”

市区警情 5 分钟内到现场，“两抢”案件破案率 100%

记者采访了解到，以构建快速反应、精准打击、有效防控的现代警务机制为目标，“漳州 110”与时俱进，持续推进改革，逐渐形成主动预警、精细布警、多维接警、动中处警和智能化指挥、精准化服务、标准化执法、专业化建设的“四警四化”警务新机制。

2000 年以来，漳州将“110 报警服务台”并入市公安局指挥中心，由指挥中心统一对巡逻接处警工作进行点对点、扁平化指挥，建立起以 110 指挥中心为龙头，以巡特警为骨干，各警种协同作战的快速反应机制。2016 年启动的新一轮勤务改革中，依托大数据分析研判，以智能化指挥调度为支撑，建立起集情报收集汇总、指挥调度、合成作战为一体的警务枢纽，创新网格化、全天候巡防接处警模式，将警力最大限度投向路面，实现“一点启动、全局策应、快速反应、打击现行”。

“主城区划分 11 个网格，配备 2 名民警、1 辆汽车，24 小时分 4 个班次巡逻，在重点部位还配置警力定点武装执勤。”漳州市公安局副局长许佳告诉记者，一旦发生警情，110 指挥情报中心依托遍布全域的视频监控和巡逻警车车载全景监控探头，实现可视化、智能化调度，建立 1、3、5 分钟快速反应控制圈，确保一般警情快速处置、突发警情协同作战。

在处置一起小区盗窃案件中，110 指挥情报中心接到报警后，迅速将警情发送到所有路面梯队，并组织就近的 3 个网格巡逻梯队围捕，第一个梯队不到一分钟赶到现场，犯罪嫌疑人尚未走出小区大门就被抓获。

2016 年以来，漳州市区警情下降 32.9%，抢夺、抢劫案件从 2016 年的日均 0.27 起下降到目前的 0.06 起。2018 年以来，全市抢夺、抢劫案件破案率 100%，对侵财类犯罪形成有力震慑。

29 年“零违纪”，上百人次立功受奖

建队 29 年，“漳州 110”没有发生一起民警违纪违法问题，107 人次立功受奖，获得省部级以上集体表彰 47 个。

不论是抢救落水群众还是面对行凶歹徒，“漳州 110”党员干部始终身先士卒、冲锋在前，身体力行带动警队、感染民警。

在处置一起精神病患者砍人事件时，面对手持菜刀的叶某，时任“漳州110”大队长许佳让身旁的民警退在一旁，自己冲上去将歹徒制服，而自己的手掌、手腕被砍出十几厘米的伤口。

“民警看中队长，中队长看大队长，一级做给一级看，队伍的正气就起来了。”许佳说。

对每一位民警做到精细化管理。“漳州110”大队教导员郑瑞钟说：“新民警入警后，根据每一个新警的性格特点，安排老民警‘传帮带’，什么事情能做，什么不能做，手把手教授，从工作到生活的方方面面予以管理和指导。”

在“漳州110”，从被子怎么叠、学习笔记怎么记、接处警快速反应、执法记录仪使用等，都有明确的纪律和规矩。漳州市公安局政治部主任叶振煜说：“从每一个细节处规范，让民警知敬畏、明界限，形成自觉。”

新华社福州2019年1月10日电

“漳州 110”：快速反应、热情服务 做好“人民卫士”

马跃华

“收到！马上到！”

16时05分，“漳州110”闽南师大附中执勤点。接警后，福建省漳州市公安局巡特警支队直属大队26岁的民警张善纬，立即带领辅警出发。

16时10分，张善纬到达报警地点——福建医科大学附属漳州市医院门口。

16时20分，警情处置完毕，一起涉嫌故意损毁财物案件被顺利移交到辖区派出所。

警情5分钟内到场率达80%以上、10分钟内到场率达100%，群众满意率达100%。“漳州110”现代警务新机制日益成熟。

“漳州110”是人民群众对漳州市公安局巡特警支队直属大队的简称，其前身是成立于1986年的漳州市公安局芗城分局治安巡逻中队。“漳州110”是全国公安机关最早实行警务机制改革的基层单位，1990年引领全国建立110报警服务台和快速反应机制，实行巡逻与接、出、处警一条龙服务的警务机制，开创警务改革先河。1996年8月，公安部在漳州召开现场会总结推广其先进经验，推动全国各地开通110报警服务台，使 110 成为人民警察队伍的标志性品牌。1997 年 11 月，国务院授予其“人民的 110”荣誉称号。习近平同志在福建工作期间，多次亲临考察指导，并赞誉其为“人民的保护神”。

2020 年是“漳州 110”成立 30 周年。30 年来，“漳州 110”一直行走在为人民服务的大道上，成为“人民的保护神”。

在“漳州 110”事迹展览馆里，有 3 面绣着“人民的 110”的锦旗：一面是受助群众送的，一面是福建省委省政府颁发的，一面是国务院授予的，3 面旗帜真实地展现了“漳州 110”的为民初心。

不同的年代、不同的地方，相同的“漳州 110”民警。“远亲不如近邻，近邻不如‘漳州 110’”“人民的保护神”“人民卫士，一心为民”便是人民群众用来形容“漳州 110”的话语。

更快、更准，造就更强。“漳州 110”初创时期，实行不脱衣、不脱裤、不脱袜“值班三不脱”制度，为的就是出警能更快一秒。30 年来，快速反应是“漳州 110”的生命线，再快一秒成为“漳州 110”始终奋进的动力。

“快速反应、热情服务”已成为“漳州 110”的标签。近年来，他们坚持网格化、全天候巡防接处警模式，构建精准的巡防机制。在漳州市区主城区时刻保持 16 个梯队、40 名警力在街面巡逻接处警，县城区由巡特警反恐大队承担 24 小时全天候接处警和巡逻防控任务，最大限度将警力摆上路面。

近年来，“漳州 110”还从百姓“需求侧”出发，从公安机关“供给侧”入手，不断增强服务群众的本领，努力为人民群众创造更有获得感、幸福感、安全感的生活体验。“漳州 110”勤务机制转型升级为主动预警、精细布警、多维接警、动中处警和智能化指挥、精准化服务、标准化执法、专业化建设的“四警四化”现代警务机制。2020 年年底，组建 110 合成作战中心，从快派快处、快破快挽、快督快结、快

“漳州110”网格化、全天候巡防接处警

奖快惩8个方面入手，打造全息作战体系，推动维稳安保、社会防控、打击整治、执法规范、队伍管理全要素创新发展，在更高起点上持续推进现代警务模式成熟定型。

漳州市12个县（市、区）全面实行“四警四化”警务新机制以来，全市巡特警年均接警11.38万余起，现场抓获犯罪嫌疑人800余人，现场抓获率不断提升。“咱们的110，随叫随到，真灵。”漳州市民吴全富点赞。

打铁必须自身硬。“漳州110”成绩斐然：每年群众满意率均达100%；警队43批次520人无违法违纪；112人次立功受奖，49次获得省部级以上集体表彰，涌现出全国公安英雄模范6人次和一等功臣6人。

在“漳州110”精神的感召和带动下，漳州社会治理体系不断呈现

新局面，辐射引领出共治善治新格局。设立“反诈 110”，健全完善反诈骗智慧信息系统；成立“交通 110”，与城管部门联动，共同负担抢险救灾、应急增援等任务；建立“民生 110”，推动 64 个市直部门联动公职，最大范围回应民生诉求；创立“民间 110”，研发推广“芗里芗亲”APP，会聚 29 万志愿者力量，开辟专群结合的新路子。

《光明日报》2021 年 1 月 10 日

做“人民的保护神”

彭景晖　高建进

走进“漳州 110”事迹展览馆，层层如浪的锦旗映入眼帘。每面锦旗的背后都有一个民警服务群众的感人故事，因为这些点滴的事、点滴的情，“远亲不如近邻，近邻不如‘漳州 110’”的佳话流传在福建漳州百姓中间。“漳州 110”这一称号在 20 多年前就已叫响，它是群众对漳州市公安局巡特警支队直属大队的爱称。

习近平同志在福建工作期间，曾到“漳州 110”考察指导，赞誉他们是“人民的保护神”。1996 年 8 月，公安部在福建漳州召开全国城市 110 报警服务台建设工作现场会，推广“漳州 110”建立快速反应机制，打击犯罪、维护治安与服务群众并重以及 110 报警服务台与巡逻警察有机结合的经验做法。

20 多年过去了，“漳州 110”的群众满意率一直保持在 100%，民警违法违纪零发生；2018 年辖区“盗抢骗”发案数比 2015 年下降近一半，“两抢”案件从 2016 年的日均 0.27 起下降到 0.06 起，并实现 100% 破案。

警察就在身边，平安就在眼前

“警车常转，警灯常闪”“警察就在身边，平安就在眼前”，是漳州群众的切身体会。

“快速反应、热情服务”已成为“漳州 110”的标签。近年来，他们坚持网格化、全天候巡防接处警模式，构建精准的巡防机制。在主城区，时刻保持 16 个梯队、40 名警力在街面巡逻接处警；在县城，执行 24 小时全天候接处警和巡逻防控任务，最大限度将警力摆上路面。

坚持情报主导、主动预防模式，是“漳州 110”创新警务的重要举措。他们建立了“两抢一盗”预警与 110 勤务联动响应机制，每日会商研判辖区警情、社情、舆情，研判、分析违法犯罪热点地区、时段，主动调整警力部署，最大限度地把警力投向热点时空，有效预防违法犯罪，压降警情和案件，努力把可能影响群众安全的隐患消除在事发之前。

服务群众是“漳州 110”始终不变的追求。“哪里有危险，哪里有群众需要，哪里就有‘漳州 110’。”漳州市芗城区待御新村村主任阮一宁说：“每次下暴雨，我们村都是受灾点，可每一次 110 都及时出警，或背或抱，帮助和救护受灾群众。”据统计，近两年来，“漳州 110”共接到求助报警 4.38 万起，救助群众上万人。

一个榜样就是一面旗帜

2018 年 12 月 20 日，“漳州 110”微信报警正式上线，群众除了通过电话报警外，还可通过微信视频、文字、门牌扫码报警，满足群众在特殊情况下的需求。20 多年的实践与探索，经历 6 次重大勤务机制改革，“漳州 110”勤务机制转型升级为“主动预警、多维接警、动中处警、民意评警、政治建警”的现代勤务机制，体现出离群众最近、与群众最亲、战斗力最强、执法服务效果最好的新时代特征。

一个榜样就是一面旗帜。如今，“漳州 110”已不单指漳州市公安局巡特警支队直属大队，它的内涵与外延都在扩展，“社会 110”“民间 110”“反诈 110”“交通 110”等服务热线相继启动，辐射效应全面显现。

在做大做强“反诈 110”的实践中，漳州市成立反诈骗中心，整合公安、银行、电信资源，研发建设漳州市反诈骗智慧信息系统，建立涉案账户“双轮止付”和涉案号码“双向封停”机制。这样的创新举措，保障了精准预警防范、精准高效打击和快速止付资金，取得了打击电信诈骗犯罪破案数、查处违法犯罪人员数上升，立案数、群众损失数下降的显著成效，“报警快、研判快、查询快、止付快、封堵快、抓人快”目标成为现实。

“群众的困难就是我们的困难，群众的满意就是我们最大的心愿。”漳州市公安局副局长许佳告诉记者，“‘工作最苦、坏人最怕、百姓最爱、形象最好’，是我们服务群众、奉献社会的追求和目标。”

《光明日报》2019 年 1 月 11 日

“漳州 110”：永远做“人民的保护神”

赵　婕　董凡超

有的犯罪嫌疑人对他们说：“如果你们晚来一分钟，我们就跑了。”

有的医护人员对他们说：“如果你们晚送来一分钟，这个人可能就救不活了。”

不到 2 分钟就到达现场，不到 5 分钟就把处在生死边缘的群众送到医院……不论是追捕犯罪嫌疑人，还是救助危难中的群众，他们以“快”为法宝，为了快速到达现场，干脆用竹竿滑下楼，后来竹竿换成了钢管，甚至报警人电话还没放下，他们就已出现在身边。

这支忠诚为民、反应迅速的警察队伍就是福建省漳州市公安局巡特警支队直属大队，被称为“漳州 110”。

1997 年 11 月，国务院授予其“人民的 110”荣誉称号。30 多年来，“漳州 110”始终用强烈的集体荣誉感让“110”旗帜永不褪色。

改革强警　勇立潮头

1990 年，“漳州 110”建立 110 报警服务台和巡警相结合的快速反应机制，实行巡逻与接、处警一条龙服务，坚持维护治安与服务群众并重，开创了警务机制改革的先河。

1996年8月，公安部召开全国城市110报警服务台建设工作现场会，推广“漳州110”的经验做法，全国各地开通110报警服务台，报警电话走入寻常百姓家。“110”这个号码不断深入民心，成为密切警民关系的桥梁和纽带。

2019年年关将至，生活拮据的江女士骑着电动车带着大姐的住院费来到医院，匆忙的她停好车就走，回过神来才发现车上的钱包没有了，江女士急得泣不成声，在好心市民的帮助下赶紧拨打110报警电话。

接到报警电话，民警5分钟就到达现场，了解过情况后立即启动“小案快侦”机制，锁定目标人员去向，迅速制定追捕方案，仅用20分钟就追回了江女士的钱包。

2019年，“漳州110”应用“小案快侦”机制共抓获各类违法犯罪嫌疑人127名，追缴被盗车辆40辆，被盗手机32部，被盗电动车电池145组，带破案件162起。

在“漳州110”的发展历程中，改革创新的步伐从未停止，探索构建了主动预警、精细布警、多维接警、动中处警和智能化指挥、精准化服务、标准化执法、专业化建设的“四警四化”警务新机制。

近年来，为了增强群众获得感，“漳州110”针对盗、抢、骗等关乎民生的小案、小事、小情、小节，全力推动全息作战体系建设，践行“破案与追赃并重”的理念，推动警种业务从快接、快处到快侦、快破的转型升级，最大限度减少人民群众的实际损失。

30多年来，“漳州110”不负“人民的保护神”的重要嘱托和使命，先后开展6次重大警务改革，不断满足群众新期待新需求。

借助智能指挥和科技优势，在交通状况日益复杂的今天，“漳州110”依然保持绝大部分警情5分钟内到场，“两抢”破案率达100%。

赤诚为民　永葆本色

2007年1月16日21时许，70多岁的邱某在漳州市区红旗机器厂前迷路，“漳州110”民警经过一个多小时的耐心访查，将老人送到家中。次日上午，老人远在澳大利亚的儿子通过传真发来感谢信：“作为漂泊海外的儿子，无法常伴父母身边尽孝，深感愧疚，你们犹如我从未谋面的亲友，替我做了一个儿子应做的事。”

“太感谢你们了，这是我收到的最好新婚礼物！”2017年6月8日，小玲接到110民警宋圳明打来的电话，称她在去年被偷的电动车找到了，巧的是这天也是小玲大喜的日子。

群众面前无小事，点滴之间见初心。

2018年6月26日21时许，“漳州110”接到指挥中心指令：东方明珠小区18栋14楼一居民家屋内冒浓烟，疑似起火。正在周边巡逻的110警组徐毅、陈超提着灭火器火速赶往，不到2分钟就到达现场，但无论怎么敲门，屋内始终无人应答。

“再不进去把火灭掉，后果不堪设想。”陈超双手握住铁门上的钢管，用力一撕一拉，几次下来，一扇铁门竟然被他硬生生地撕开了。可里面还有一扇防盗门，此刻，陈超已顾不上鲜血直流的双手，踹开第二道门，找到着火点位置，迅速将火扑灭……

“漳州110”始终坚持为人民服务的宗旨，近4年来，参与抢险救灾100多起，救助群众3000多人，挽回群众财产损失上千万元。群众给“漳州110”送来的锦旗及感谢信947面（件），满意率始终保持100%。

抗击新冠肺炎疫情期间，“漳州110”百名民警第一时间主动请缨提交请战书，组建“漳州110党员突击队”，战斗在疫情防控一线。在处置一起传销警情中，多名涉案嫌疑人出现发烧症状，10 余名处置民警冒着巨大风险及时解救一名被非法拘禁人员，控制隔离相关涉案人员。

在 2020 年新冠肺炎疫情防控期间，"漳州 110"共出动警力 26208 人次，处置警情 24805 起，抓获违法犯罪嫌疑人 351 人，破获案件 388 起，确保了社会治安秩序稳定，为疫情防控和经济社会发展双胜利作出了突出贡献。

"漳州 110"始终牢记习近平总书记重要指示，坚持以人民为中心，把"群众支持不支持、满意不满意、答应不答应"作为一切工作的出发点和落脚点，千方百计为群众纾危解困，赢得了漳州人民"远亲不如近邻，近邻不如'漳州 110'"的由衷赞扬。

示范引领　永当先锋

1996 年，为更加有效解决民生问题，"漳州 110"尝试与十几家单位建立共建关系，携手提升服务群众水平。1998 年，在共建的基础上，他们又率先推动建立 110 社会服务联动机制，把与群众生产生活密切相关的工商、供电、邮电、卫生等 7 个部门 12 个下属单位通过 110 联动机制组织起来共同为民服务。

110 社会服务联动机制越做越大、越做越强，并逐步从漳州走向全省乃至全国，促进了从"要我服务"到"我要服务"思想观念的转变，经过多年的努力，110 社会服务联动已经真正成为一项民心工程，其推动形成的社会服务网络在为民服务、为民解忧上持续发挥着重要作用。

进入新时代，漳州市学习借鉴新时代"漳州 110"精神，瞄准基层社会治理需求，从人民群众所思、所需、所盼入手，由"公安 110"延伸到政府、延伸到基层、延伸到群众，引领创新"民生 110""民间

市民在街头寻求民警帮助

110”“社区（乡村）110”等系列品牌。

为进一步满足人民群众的民生需求，漳州市联动建立“民生110”，全面升级12345平台，实现64个市直部门联勤联动，2019年，12345平台共受理有效事项59038件，及时查阅率100%，按期办结率99.99%，群众满意率99.46%。

2019年，漳州市进一步推动新时代“漳州110”精神向基层社会治理延伸，打造“社区（乡村）110”，创新城乡社区网格治理“2+N”，实现全市所有社区（村）全覆盖；构建了“一个组织体系、一支专业队伍、一项支撑平台、一套科学机制”的共建共治共享新格局，整合基层分散治理力量，将矛盾纠纷化解在家门口、安全隐患消弭在未发时、服务保障落点在第一线，进一步健全完善了与推进市域、县域社会治理现代化和城乡基层治理体系相适应的新型警务机制。

“一花引来百花香”。学习新时代“漳州 110”精神不仅在公安系统掀起新的热潮，也在政府部门、各行各业产生深远的影响，各单位持续开展“学习漳州 110　争当漳州 110 式公仆”“学习漳州 110　全心全意为人民”等活动，涌现出“商务 110”“交通 110”“园区 110”“新闻 110”等许多“漳州 110”式队伍，“漳州 110”精神成为漳州“五种精神”之一，成为各级党组织开展主题教育、主题党日活动的重要内容，典型效应进一步显现。

《法治日报·社区版》2021 年 1 月 10 日

“漳州 110”：“再快一秒”是永恒的追求

苏海森

2020 年 11 月 16 日 10 时许，福建省漳州市区艳阳高照，“漳州 110” 614 梯队在路上巡逻。

“呼叫 614，新元城市花园有人报警称电动车被盗。”接警后，614 梯队民警小王和搭档不到 5 分钟便赶到现场。

看到报警人焦急的神情，小王一边安慰，一边了解情况，并调取案发现场周边监控，迅速锁定了犯罪嫌疑人特征。

原来，嫌疑人将自己骑来的电动车放在小区内后便实施盗窃行为，得手转移赃物后再度折回现场，将先前停放在小区的电动车骑走逃离。此时离报警人发现车辆被盗仅间隔不到 40 分钟。

小王立即将信息通报给“漳州 110”图侦中队，请求后方支援。经“漳州 110”图侦中队进一步追踪发现，嫌疑人十几分钟前曾在水仙大街一所 KTV 附近出现。小王与搭档立即赶往搜寻，并将嫌疑人当场抓获，现场追缴被盗电动车 2 辆，其中 1 辆正是报案人的。此时离报警时间仅过去 1 个小时。

另一辆电动车的失主是谁呢？经突审，嫌疑人供述当日上午在漳州三中分校门口窃得另一辆电动车，车栏内还有一部手机。小王判断该车很有可能是漳州三中分校学生所有。此时，离学校放学还有 1 个小时。

果然，放学时间到了，接到失主报警不久后，小王的对讲机“如约”响起。

“车我们找回来了，在派出所。”对着有点伤心、穿着校服的女孩，小王赶紧安慰。

“真的吗？我车上还有一部手机，也找到了？”女孩难以置信。

“真的真的，都找回来了，我们带你去派出所领吧。”小王笑着说。

女孩电动车被盗的悲伤，很快被“漳州 110”民警提前破案挽回损失的惊喜暖得烟消云散。

1990 年，“漳州 110”靠着 7 个人、3 支枪、1 辆三轮摩托车，在全国首创了 110 报警服务台和快速反应机制。30 年以来，“漳州 110”始终把“更快更灵”作为生命线，把“再快一秒”作为永恒的追求。即便是在交通状况日益复杂的今天，“漳州 110”依然保持绝大部分警情 5 分钟内到现场，“两抢”破案率 100%，群众满意率 100%。

人民网 2021 年 1 月 11 日

“漳州 110”：“人民守护神”这样炼成！

卢俊宇

2018 年 12 月 20 日，“漳州 110”微信报警正式上线，群众除了可以电话报警外，还可通过微信视频、文字、门牌扫码报警，满足了特殊群体在特殊情况下的特殊需求。

据了解，1996 年 8 月，公安部在福建漳州召开全国城市 110 报警服务台建设工作现场会，推广“漳州 110”建立快速反应机制，打击犯罪、维护治安与服务群众并重和 110 报警服务台与巡逻警察有机结合的经验做法。

30 年来，“漳州 110”作为公安系统的一面旗帜，初心不改，忠诚为民，始终瞄准群众需求，与时俱进，改革创新，特别是在新时代不断丰富和拓展“漳州 110”的价值追求和精神内涵，一直受到群众的高度信赖和拥护，不愧为人民的 110、人民的保护神。

经过 30 多年的实践与探索，“漳州 110”勤务机制转型升级为“主动预警、多维接警、动中处警、民意评警、政治建警”的现代勤务机制，体现出离群众最近、与群众最亲、战斗力最强、执法服务效果最好的新时代特征。

在漳州有这样一组数字：“漳州 110”警队连续 30 年无违纪违法；

112 人次立功受奖，涌现出 4 位英雄人物：全国公安英模郭韶翔、李铁军、陈伟强，全国十大杰出青年岗位能手许佳。

进入新时代，“漳州 110”不忘初心，从百姓“需求侧”出发，从公安机关“供给侧”入手，不断增强服务群众的本领，努力为人民群众创造更有获得感、幸福感、安全感的生活体验。

目前，“快速反应、热情服务”已成为“漳州 110”的标签。他们坚持网格化、全天候巡防接处警模式，构建精准的巡防机制。在市区主城区时刻保持 16 个梯队 40 名警力在街面巡逻接处警，县城区由巡特警反恐大队承担 24 小时全天候接处警和巡逻防控任务，最大限度将警力摆上路面。

一个榜样就是一面旗帜、一座标杆、一种力量。新时代，“漳州 110”已不单指漳州市公安局巡特警支队直属大队，它正内外开花，辐射效应全面显现，共治机制高效运行，群众获得感显著增强。

新华网北京 2021 年 1 月 10 日

时代楷模“漳州110”的警察故事

龚　雯　张金川

“喂，您好！漳州110，请讲。”福建省漳州市公安局指挥情报中心内，接警员陈凌一个班次要接100多通报警电话。“群众一有情况就会拨打‘110’，证明对我们高度信任。”

首个“中国人民警察节”到来之际，“漳州110”于10日被中共中央宣传部授予“时代楷模”荣誉称号。30余年里，与这支队伍有关的故事可谓成千上万。每个故事犹如大海中的一朵小浪花，虽然占比很小，却可以折射出蕴藏在所有故事里的光芒。

“以人民为中心，做人民的守护神”

“漳州110”是群众对漳州市公安局巡特警支队直属大队的简称，于1990年成立。30余年来，“远亲不如近邻，近邻不如‘漳州110’”这句俗语在漳州口口相传。

漳州市公安局党委副书记、常务副局长黄跃欣介绍说，1990年，“漳州110”引领全国建立110报警服务台和快速反应机制，开创维护治安与服务群众并重的先河。1996年8月，公安部在漳州召开现场会，面向全国推广其先进经验。

经过多年探索实践，不断改革创新，“漳州 110”成为漳州人民心中“工作最苦、坏人最怕、百姓最爱、形象最好”的先锋警队，更成为人民警察队伍的标志性品牌，被誉为“人民的保护神”。

“漳州 110”经历几次重大改革，1996 年建立全天候巡防网络，变“坐等接处警”为“就近接处警”；2000 年实施巡指分离；2016 年构建“四警四化”警务新机制；如今探索全息作战体系建设。忠诚使命、止于未发、更快更灵、共治善治的时代特征熠熠生辉。

“漳州 110”探索构建“四警四化”警务新机制以来，实现第一时间减少群众受到伤害、第一时间找到报警渠道、第一时间赶到事发现场、第一时间高效依法处置。漳州市每个时段同时有 63 个警组、335 名警力“动中处警”。

2021 年 1 月 1 日起，漳州市公安局 110 合成作战中心与全息作战警务新机制试运行初见成效，已研判破案 15 起，抓获各类违法犯罪嫌疑人 26 名。

漳州市公安局指挥情报中心副主任张骏昌表示，目前漳州城区警情 5 分钟内到场率达 80% 以上、10 分钟内到场率基本实现 100%，群众满意率始终保持 100%。

警察故事：队伍里的他们

“漳州 110”成立之初，仅靠 7 名民警、3 支枪、1 辆三轮摩托车，就在两个月内处理了上百起警情，“送孕妇上医院”“护送女工下班”两件求助警情引发了“漳州 110”服务精神的萌芽。如今，“漳州 110”发展到 9 个中队、240 余名警力。“以人民为中心，做人民的保护神”的新时代“漳州 110”精神根植在每个“漳州 110”人的行动之中。

“漳州 110”的孩子

1999年2月5日，“漳州110”原副大队长张志民刚回家过春节，顾不上与家人团聚，便主动请缨护送一名重病民工返乡。

未料在高速路段车辆发生故障，司机将车辆靠边抢修时，身着警服的张志民主动保护下车休息的群众安全，确保道路畅通。约过了10分钟，一辆吉普车飞驰而来，将张志民撞飞数米远，张志民当场牺牲……年仅29岁的他用宝贵生命践行了赤诚为民、无私奉献的崇高承诺。

张志民同志走后，留下了年仅3岁的遗孤张钊。20多年里，一代又一代“漳州110”人像对待自己的孩子一样传承接力、关心爱护着张钊，用集体的力量温暖孩子幼小的心灵。

如今张钊已长大成人，2019年，他毅然传承父亲遗志，接过父亲的枪，成为福建省三明市泰宁县一名光荣的人民警察。张钊说：“我感觉父亲的形象慢慢地变清晰，我可以离他越来越近，看到一点他的样子。”

值班民警顺竹竿滑下为出警挤出时间

“再快一秒”

“漳州110”在初创时期实行不脱衣、不脱裤、不脱袜的“值班三不脱”，接警后，值班民警直接从三楼顺竹竿滑下，为出警挤出宝贵的30秒。

“漳州110”民警林泽斌讲述了令他难忘的故事：2017年三伏天的中午，警校刚毕业的他和中队长王建龙处理完一起纠纷，渴得不行。路过岗亭时，他接了一大杯水，“咕咚咕咚”一口气喝完，要再接水时，却被中队长拦住了：“解渴就好，别喝多，万一待会上厕所时警情发生，可是要耽误几十秒。咱们的一秒，可能就是人民群众生与死的时间差啊！”

漳州市诚亿地产负责人王浩铮对此也深有感慨，他说：“我曾因一件紧急事情拨打了 110，报警后我心中烦闷，点了一支烟，让我没想到的是，不到半根烟的功夫，110 民警就来了，让我真切感到什么叫出警神速。”

每个人都是一面小红旗

2020 年 12 月 24 日 9 时许，“漳州 110”二中队指导员蔡权泉所在的中队在巡逻时，于 30 分钟内连续接到 3 个电动车丢失案情。“漳州 110”巡警与图侦迅速联动，通过监控和卡口确认嫌疑人身份信息与赃物转移车辆，在两个小时内将 4 辆电动车找回。

“其中 3 辆均为报警车主所丢失，还有一辆电动车尚未被车主察觉丢失，就已经被我们找回。”蔡权泉回忆道。

“‘全方位快捷’能让群众得到一种安全感。”蔡权泉说，“‘110’是一面大红旗，而我们每个人都是一面小红旗，守护它在新时代不惧风浪，继续飘扬。”

出生于 1991 年的蔡权泉刚开始“一腔热血，总想着办大案”，后来通过多次接处警和思考，他感悟到“治安防控，努力让案件少发生、不发生是队伍的职责”。

如今，他体验着全息作战警务新机制的高效率。1 月 6 日 11 时，二中队接到一个合成作战指令：早上 6 时 50 分，群众报警称盆栽上面的 3 棵小榕树被偷。“通过多警种迅速反应，接到的指令上嫌疑人家庭住址、盆栽藏放地点都十分精确。出动抓获嫌疑人，追回赃物才花费半小时。”

蔡权泉说，对群众来讲，几棵植物的心理价值远高于价格，失而复得的体验感更不一样。“‘时代楷模’称号赋予我们更大的职责。”

“群众满意是最基本的”

“把每次接出警都当作是处理自己家里的事，群众满意是最基本的。”3 年多里，“漳州 110”四中队四级警长王铭，把这里当作学校，政治教育、心得体会等记满了 4 本笔记本。

此前，他在部队待了 10 多年。王铭说，在这支平均年龄 30 岁左右的队伍里，像他这样的军队转业干部目前有 51 个。

建队以来，“漳州 110”43 批次共 520 位民警无违纪违法行为，112 人次立功受奖。王铭说，“漳州 110”队伍实行半军事化管理，有铁的纪律。领导干部以身作则，进行内务条令夺标、基础体能达标、执法资格考试三类竞赛。

在“漳州 110”事迹展览馆内，绣着“人民的 110”大字的锦旗摆在最前。队伍的功勋荣誉墙上，400 多面群众送来的锦旗高挂于头顶。王铭说，新一代的“漳州 110”人悉知展览馆的每一个故事。

“大到惊险的刑事案件，细到服务小孩、送老人回家，甚至讲闽南话更贴近群众……要做好每一件点滴小事，这是 30 多年来每一代‘漳州 110’人实践出来的真心感受。”

“漳州 110”延伸：社会治理现代化的模式

漳州市平和县芦溪镇芦丰村党支部书记叶伯群 2019 年 5 月当上了“乡村 110”指导员，同样有了红袖标和制服。他说这是“漳州 110”精神延伸到农村去。

“‘漳州 110’家喻户晓，如今在劝解村民纠纷时，‘漳州 110’的形象让群众对自己充满信任感。”叶伯群说，乡村 110 成立前村里纠纷一年有 100 多起，成立后，2020 年仅有两起纠纷。

为进一步推动形成共建共治共享的社会治理新格局，在“漳州 110”辐射带动下，漳州各个系统、各个层面同时逐步形成“公安 110”“民生 110”“民间 110”“社区（乡村）110”4 类 110 社会服务联动体系，着力打造适应市域、县域社会治理现代化和城乡基层治理体系的模式。

中新网漳州 2021 年 1 月 10 日

福建省漳州市公安局巡特警支队直属大队（“漳州 110”）：执着坚守，危急关头排忧解难

郑　明　黄哲洪

对于福建省漳州市公安局巡特警支队直属大队（“漳州 110”）的民警来说，五一假期是对工作的一场例行考试。

“只要是节假日，警情都比平常多。”虽然在警队仅工作一年多，巡特警支队直属大队一中队民警黄金田却很有经验。五一当天，黄金田与同事游建河所在的漳州古城摩托车梯队，执勤时间为傍晚 6 点至夜里 11 点。21 时 20 分，黄金田手中的对讲机传来 110 指挥情报中心紧急呼叫：“一名男孩走失，请速到现场。”

“收到。”一分钟后，民警赶到。看到穿着警服的“漳州 110”民警，正在哭泣的男孩情绪慢慢缓和下来。经男孩确认并仔细核对家长身份信息后，黄金田才放心把小孩交还给家长。

5 月 1 日 14 时 2 分，沈先生拨通了 110 报警电话，称找不到停在店门口的电动车，怀疑被人盗走。接报后，民警迅速到场处置。了解大致案情后，民警调取现场监控，发现嫌疑人。17 时 30 分，民警将嫌疑人抓获。从报案到破案仅用 3 个半小时，让沈先生惊讶不已：“110 名不虚传，真的快，真的灵。”

危难关头，总能看到“漳州 110”为群众排忧解难。建队 31 年来，

“漳州110”围绕不同时期人民群众的期盼关切，先后进行7次重大警务改革，构建“快派快处、快破快挽、快督快结、快奖快惩”的全息作战体系，群众满意率达100%、非违法类警情现场调处率达93.5%、5分钟内限时到场率达91.6%。

“芗城区一处山林发生一起火情。”5月2日15时许，110指挥情报中心接群众报警后，立即调集路面警组火速前往处置。一中队中队长林少伟与同事迅速赶到现场后，一边联系应急管理部门，一边徒步上山，将山上群众疏散到安全地带。随后，警航中队也到达现场，启动无人机进行高空火情侦查，实时通报现场处置警力。最终，在应急管理、公安等部门工作人员和热心群众的通力协作下，历时2个多小时，山火最终被扑灭。

中国警察网福州2021年5月5日

人民至上 永做“人民的保护神”

——“漳州110”特别报道（上）

王传宗 韩志忠

1月6日，是黄海强就任福建省漳州市公安局巡特警支队直属大队（“漳州110”）大队长4周年的日子。清晨，值完夜班的黄海强洗漱完毕，整理好警服，再次来到“漳州110”事迹展览馆接受精神洗礼。“我们是人民警察，‘人民’二字是信任、是责任，更是力量。”看着眼前的锦旗和队史资料，黄海强目光坚定。

从1990年“漳州110”初创时的7个人，发展到如今的240余名警力——30年来，是什么吸引着黄海强和他的前辈们勇往直前、无私无畏？

自诞生之日起，“人民的困难就是我们的困难、人民的满意就是我们最大的心愿”激励着一代又一代“漳州110”民警倾心为民。

“人民的保护神。”1996年9月18日，时任福建省委副书记习近平同志的赞誉，为“漳州110”的改革和发展指明了方向。

“30年来，‘漳州110’始终初心不改、本色不变，把‘人民的保护神’镌刻在自己的旗帜上，恪尽职守、赤诚为民，忠实践行人民公安为人民的庄严承诺。”漳州市副市长、市公安局局长林晓东说。

对党忠诚　秉持为民初心

在“漳州 110”事迹展览馆序厅头顶处，有一个醒目的党徽。

“我志愿加入中国共产党，拥护党的纲领，遵守党的章程……”2020 年 7 月 29 日 22 时，执勤交接班前，“漳州 110”六中队队员陈玮的预备党员转正仪式，在其他队员的见证下庄严举行。

从入党积极分子，到正式加入中国共产党，陈玮的每一步都在“漳州 110”这个集体中成长进步。

讲忠诚、讲传承、仪式感、使命感……30 年来，从新警培训到队伍建设，“漳州 110”始终将党性教育、忠诚教育摆在首位。

“那是 1996 年 10 月 21 日下午。”翻开泛黄的工作笔记，时任“漳州 110”副大队长、现任漳州市公安局国保支队副支队长康来勇回忆，“时任福建省委副书记习近平同志专门到‘漳州 110’看望慰问大家，

整装待发的“漳州 110”

很亲切、很随和，不仅实地参观了‘漳州 110’事迹展览馆，还与我们亲切座谈，教育我们要一辈子为人民服务。”

牢记嘱托，不负殷殷期望。

“30 年来，我们始终坚持党性至上，突出政治建设生命线，传承好警队红色基因，将对党忠诚、公安姓党内化于心、外化于行。”林晓东表示，进入新时代，“漳州 110”始终坚持以人民为中心，更加注重群众的需求和体验。

警情就是命令，号令就是行动。

“人民的保护神”“一辈子为人民服务”——习近平总书记的嘱托引领“漳州 110”阔步前行。

一脉相承　践行为民宗旨

1 月 6 日 9 时，记者跟随“漳州 110”四中队民警徐毅、辅警林立维巡逻组上路执勤。

“国贸润园小区一住户窗户冒烟，请前往处置。”9 时 30 分许，指挥中心传来指令。5 分钟后，他们抵达现场。经查，冒烟系装修工人正在切割建材导致，一场虚惊。

更快一秒，是“漳州 110”的不断追求。

黄海强说，如今，“漳州 110”的警情 5 分钟内到场率 80% 以上，10 分钟内到场率 100%，群众满意率 100%。

1985 年 5 月 1 日，漳州市公安局安装了 110 盗警电话。1990 年 5 月，原刑警队 110 盗警电话迁移至治安巡逻中队，8 月 1 日正式开通 110 报警台，“漳州 110”正式成立。同年 12 月，漳州市公安局为 110 报警台增设服务功能，在全国首创 110 报警服务台和快速反应机制，开启了维护治安与服务群众并重的先河。

被洪水围困时有“漳州110”、老人孩子走失时找“漳州110”、被传销组织围困时有“漳州110”、生命财产安全受到威胁时找“漳州110”……

“远亲不如近邻，近邻不如‘漳州110’”——这句享誉漳州的民谚昭示着“漳州110”30年的倾心为民之路。

“漳州110”事迹展览馆里，有3面绣着“人民的110”的锦旗：一面是辖区群众送的，一面是福建省委省政府颁发的，一面是国务院授予的，共同构成了一幅为民的生动画卷。

“这里一共有400余面各界群众赠送的锦旗。”黄海强指着展馆顶部颇为壮观的锦旗阵说，“还有很多实在挂不下了。”

30年砥砺奋进，30年创新发展。

30年来，六任大队长一任接着一任干，一锤接着一锤敲。历届漳州市公安局党委也都高度重视“漳州110”队伍传承发展，始终高看一眼、厚爱一分，切实强化“漳州110”班子建设和队伍建设。

“人民的110”——创业与成长、传承与发展、弘扬与飞跃，30年里，“漳州110”始终将为人民服务的宗旨牢记心间。

砥砺奋进　打造为民警队

“当时，时任福建省委副书记习近平同志特别指出，‘漳州110’的群体素质高。”从书柜里找出当年的报纸，邹南清的记忆被拉回到20多年前。

退休前，邹南清是《福建日报》记者。1996年10月21日，时任福建省委副书记习近平同志看望慰问“漳州110”。第二天，《福建日报》一版刊发了他采写的新闻稿。

高素质来自严格管理、严格训练和严格要求。

从成立之日起，“漳州 110”就按照革命化教育、军事化管理、正规化训练、制度化约束的要求，出台 17 种制度 37 条“铁规”。

“‘漳州 110’始终把纪律规矩作为队伍建设的重点工作抓早抓小，通过抓点滴促养成，抓养成促作风，抓作风促纪律，抓纪律促战斗力。”林晓东介绍。

据统计，成立 30 年来，“漳州 110”先后 48 次获得省部级以上集体表彰，43 批次 520 位民警无违纪违法，112 人次立功受奖，涌现出一批全国公安系统英雄模范和全国先进典型。

“漳州 110”民警平均年龄 30 岁，如何引导民警尤其是新警克服“本领恐慌”是个大课题。

“漳州 110”教导员张斌介绍，“漳州 110”制订了详细的训练计划，每支备勤中队备勤休息都会严格按照相关要求开展训练。

1 月 6 日恰逢八中队备勤，中午时分，队员们纷纷来到训练馆，先“撸铁”，再对打，然后是模拟科目训练，个个练得满脸通红、汗流浃背。

“漳州 110”尤为重视忠诚教育和行为习惯的养成。

张斌介绍，“漳州 110”从初创时期，就不断强化基础体能考核、内务夺标竞赛、执法资格考试竞赛等，定期对队员个人思想状况进行跟踪记录，每月还会进行一次谈心家访，动态掌握队员思想状况的同时，还可以了解队员的实际困难，便于更精准地爱警惠警。

“漳州 110”的历史就是一部以人民为中心的奋斗史、发展史。

“我们将牢记习近平总书记‘人民的保护神’的重要嘱托，认真践行习近平总书记重要训词精神，始终把坚持人民至上、追求人民满意作为根本价值追求，不断满足人民群众新需求、新期待。”林晓东表示。

中国警察网漳州 2021 年 1 月 8 日

赓续鼎新　勇立警务机制改革潮头

——“漳州 110”特别报道（下）

王传宗　韩志忠

“没想到这么快就破案了，太感谢了。”1 月 2 日 19 时许，蒋先生看到自己失而复得的自行车，紧握着福建省漳州市公安局巡特警支队直属大队（“漳州 110”）民警蔡景林的双手。

3 小时前，蒋先生的自行车在漳州市芗城区一家服装店门口被盗。根据指令，路面“漳州 110”巡逻组仅用一个半小时就在案发现场附近抓获犯罪嫌疑人周某、范某，缴获被盗自行车。

快速反应是“漳州 110”的生命线。1990 年，从 1 辆三轮摩托车、3 支枪、7 个人开始，“漳州 110”引领全国建立 110 报警服务台和快速反应机制，实现打击犯罪、维护治安、服务群众功能的有效整合。

因创新立，因创新强，因创新兴。

面对不断发展变化的社会治安形势和人民群众的新期待，“漳州 110”不断探索，始终在改革中创新、在创新中发展，持续推动警务机制转型升级，不断满足人民群众对美好生活的需求。

“我们将继续聚焦不断提升人民群众的获得感，以 110 合成作战中心为依托，为‘漳州 110’装上‘最强大脑’，全面打造全息作战体系，不断推动警务机制转型升级，用行动捍卫‘人民的保护神’的神圣荣誉。”谈及“漳州 110”的未来，漳州市副市长、市公安局局长林晓东说。

快字当头

天下武功，唯快不破。

“‘快’一直是‘漳州 110’的生命线，用越短的时间越快速赶到现场，就能够越早地为群众排忧解难。”漳州市公安局副局长、“漳州 110”第三任大队长许佳介绍，31 年来，“漳州 110”始终在接警快、派警快、到场快、处置快上狠下功夫。

1996 年，公安部在漳州召开现场会，向全国推广“漳州 110”的经验做法。现场会后，“漳州 110”启动第一轮警务改革，变“坐等接处警”为“就近接处警”。

此后 4 个月，全国大中城市全部开通 110 报警服务电话，“漳州 110”开创的快速反应机制在全国落地生根。

2016 年，在漳州市公安局党委高度重视和充分酝酿下，“漳州 110”启动新一轮警务改革，新队伍、新装备、新形象出现在漳州市民面前，凸显了忠诚使命、止于未发、更快更灵、共治善治的新时代特征。

大队长黄海强介绍，在这一轮改革中，“漳州 110”持续推动接处警工作转型升级，探索形成了主动预警、精细布警、多维接警、动中处警和智能化指挥、精准化服务、标准化执法、专业化建设的“四警四化”现代警务新机制。

如今，“漳州 110”的警情 5 分钟内到场率达 80% 以上、10 分钟内到场率达 100%，群众满意率达 100%。

近期，他们又继续探索创新实践，核心从此前的“快处快打”向“快派快处、快破快挽、快督快结、快奖快惩”转变。

“目前，我们按照整体、系统、融合的理念，组建了漳州市公安局

110合成作战中心，以‘漳州110’为革新龙头，整合优化警务资源，打造全息作战体系，推动维稳安保、社会防控、打击整治、执法规范、队伍管理全要素创新发展，探索建立职权清晰、集约高效、智慧灵敏、专业实战的现代警务模式，探索出一条彰显时代特征、符合公安实际、具有漳州特色的改革强警之路。”林晓东表示。

“最强大脑”

新一轮警务探索方向最显著的特点是合成作战。

“我们整合了局内的优质警务资源，从刑侦、治安等部门抽调合成作战专业人员，组建110合成作战中心，强化后台的情报研判分析，为‘漳州110’等前端警种部门的快接快处、快破快挽装上‘最强大脑’。”林晓东介绍。

走进漳州市公安局110合成作战中心，每个工位上，熟谙合成作战和信息研判的专业人员正紧张地忙碌着。

1月3日18时，一名群众报警，称有人在芗城区某食杂店抢夺物品后逃离。

接报后，110合成作战中心立即开展研判，协同芗城分局扩大监控排查范围，于1月4日14时许锁定嫌疑人位置，指令“漳州110”于当日15时许抓获陈某等3名嫌疑人。

“合成作战让我们的行动更有目的性，有效提升了破案挽损的能力水平。”负责处置这起案子的“漳州110”民警陈志鸿说。

“工作中，我全力做好一件事：‘看监控’，并从中捕捉关键信息和抓捕线索。”辅警何煜晖参加公安工作多年，一直从事图侦工作。

2017年，“漳州110”成立图侦中队时，何煜晖调到“漳州110”。他和同事们充分运用城市监控系统数据资源，和路面巡逻组一起抓获违法犯罪嫌疑人 115 名、追缴被盗车辆 31 辆、带破案件 139 起。

“图侦中队的正式成立，让‘漳州 110’在警情快接、快派的基础上，实现了小案快侦。”“漳州 110”图侦中队中队长王微说，“接警后，通过视频倒查，我们可以第一时间锁定犯罪嫌疑人，并直接协调街面警力处置。”

“新一轮警务改革刚刚起步。我们将充分优化警务资源配置，依托合成作战中心，发挥数据资源优势，有效支撑‘漳州 110’科学用警、科学勤务，探索新时代市域警务机制改革之路，引领漳州公安警务机制改革更快更好发展。”林晓东表示。

辐射引领

经过 31 年创新发展，“漳州 110”精神已变身为福建漳州的亮丽名片，成为社会各界乃至全国公安机关创新打击犯罪机制、创新社会治理的精神高地。

突出忠诚使命，突出止于未发，突出更快更灵，突出共治善治。

“警务运行机制改革带来警务效能的有效提升，随之得到进一步提升的是公安机关社会治理体系和治理能力的现代化。”林晓东说，目前，受“漳州 110”警务机制改革创新的辐射带动，漳州聚合社会各界力量，形成共建共治共享的基层社会治理格局，有力推进了市域、县域社会治理体系和治理能力现代化。

近日，漳州市区发生一起飞车抢夺金项链的案件，警方迅速锁定了犯罪嫌疑人，并联合“龙溪猎鼠队”蹲守 3 个多小时、追击数公里，抓获犯罪嫌疑人 1 名。

这是一起在漳州城乡社区网格治理“2+N”模式暨“社区（乡村）110”支撑下破获的典型案例。“2+N”模式中的“2”即“二员”，指城乡社区农村的网格员和民警（辅警）；“N”是指治安巡防队、法律援助队、志愿服务队等若干支专门队伍。

具体操作中，由所在社区（村居）“两委”成员担任的网格员和按“一社区（村居）一警（辅警）”配置的民警（辅警）发挥人熟、地熟、情况熟的优势，专职承担采集基础信息、收集社情民意、排查整治安全隐患、排查化解矛盾纠纷、宣传政策法律法规、代办公共服务等职责和任务，加上因地制宜组建的治安巡防队、法律援助队、志愿服务队等若干支专门队伍，组成一张城乡社区综合治理的大网，实现“矛盾不上交、平安不出事、服务不缺位”的目标。

如今，“以人民为中心、永做人民保护神”的新时代“漳州 110”精神和服务模式已由漳州公安向政府、基层、人民群众延伸，随之诞生的“民生 110”“民间 110”“社区（乡村）110”等一系列品牌，将以人民为中心的发展思想辐射到社会各行各业，引领带动社会职能部门加速转型升级，进一步推动基层社会治理体系和治理能力现代化建设。

中国警察网漳州 2021 年 1 月 19 日

30年传承使命
永做“人民的保护神”

袁 猛 韩志忠 方奕阳

7月29日23时40分，“漳州110”基地办公楼前，警务巡逻车和摩托车依次排列。福建省漳州市公安局巡特警支队直属大队（“漳州110”）六中队队员在经过队列整顿后，分别乘车奔向各自巡逻的辖区，等待他们的是从零点到早晨7时30分的大夜班。

从1990年8月1日“漳州110”成立至今，从最初的7个人、3支枪、1辆三轮摩托车，到如今的9个中队、240余名警力，这支队伍已经陪伴漳州市民30个年头。

30年来，“漳州110”勇立警务应急响应机制的创新发展潮头，倾力践行以人民为中心、永做“人民的保护神”的神圣使命。

砥砺奋进，始终秉持为民初心

7月29日10时，记者走进“漳州110”事迹展览馆，序厅头顶处庄严的党徽，昭示着“漳州110”的精神特质——党性至上。

1985年5月1日，漳州市公安局安装了全国第一个110报警电话。1990年8月1日，漳州市公安局芗城分局成立治安巡逻中队，负责110

接处警工作，“漳州 110”正式成立了。同年 12 月，漳州市公安局为 110 报警台增设服务功能，在全国首创 110 报警服务台和快速反应机制，开启了维护治安与服务群众并重的先河。

“从 110 报警台，到 110 报警服务台，‘服务’两个字，让人民警察的职责翻开了新篇章。”在“漳州 110”第六任大队长黄海强的介绍下，“漳州 110”30 年发展历程一一呈现。

习近平同志在福建工作期间，多次亲临考察指导，为“漳州 110”题词“人民的保护神”。

“‘漳州 110’始终秉持着为民服务的初心，砥砺前行。”黄海强说。

“漳州 110”创立旧址——芗城分局东铺头派出所三楼已几经改造，但通过带有锈迹的训练铁环，仍可以想象到当时民警快速处警的场景。

庄严宣誓

漳州市副市长、市公安局局长黄华安表示，芗城分局治安巡逻中队在 2000 年 10 月更名为巡特警支队直属大队后，从分局到市局、从警种到全警、从单一到综合，“漳州 110”为警务机制创新发展开辟了新境界。

忠诚使命、止于未发、更快更灵、共治善治——进入新时代，“漳州 110”呈现出新的时代特征。

近日，经党中央批准、国务院批复，自 2021 年起，将每年 1 月 10 日设立为“中国人民警察节”。“‘中国人民警察节’的设立，让‘漳州 110’肩上的责任感、使命感更强，也让‘漳州 110’具有更丰富的精神内涵。”黄华安说。

传承发展，爱民精神生生不息

工作最苦、坏人最怕、百姓最爱、形象最好。

30 年砥砺奋进，30 年创新发展，“漳州 110”已成为全国公安机关为民服务的一面旗帜。

在“漳州 110”事迹展览馆里，有 3 面绣着“人民的 110”的锦旗：一面是受助群众送的，一面是福建省委省政府颁发的，一面是国务院授予的，3 面旗帜真实地展现了“漳州 110”的为民初心。

“人民的 110”——30 年里，“人民”二字始终伴随着“漳州 110”的发展，铭记在“漳州 110”每一名队员心中。

“这里一共有 400 余面各界群众赠送的锦旗。”顺着黄海强手指的方向，记者看到展馆顶部悬挂的场面颇为壮观的锦旗阵，“还有很多实在挂不下了。”

一面面锦旗，是荣誉，更是鞭策。

郭韶翔、李铁军、许佳、陈伟强、李海宁、黄海强……30 年来，六任大队长一任接着一任干，一锤接着一锤敲。创业与成长、传承与发展、弘扬与飞跃，“漳州 110”始终将为人民服务的宗旨牢记心间。

因为传承，“漳州 110”精神才生生不息。

践行承诺，永做“人民的保护神”

7 月 29 日 15 时，“漳州 110”基地，福隆城小区居民张坤金将一面锦旗送到民警手中。

“之前我老婆醉倒在碧湖边，幸亏民警救助。”张坤金激动地说，“要不是他们帮我及时找到，后果真不敢想。”

“漳州 110”副大队长郑宇宁告诉记者，几乎每天都有群众过来送锦旗，“群众事无小事，‘漳州 110’就是要成为‘人民的保护神’”。

人民的 110，人民的保护神。

随着 30 年的传承发展，“漳州 110”精神已在漳州公安机关生根发芽、开枝散叶。

“漳州 110”教导员张斌介绍，每年漳州市公安局入职的新警，都会到“漳州 110”接受培训锻炼，目的就是要把“漳州 110”精神传承下去、传播开来。

“我要把‘漳州 110’精神传承下去，把在‘漳州 110’学到的本领应用到实际工作中。”通北派出所所长陈达生就是从“漳州 110”走出来的民警。

漳州市公安局副局长许佳曾是“漳州 110”第三任大队长，2019 年受公安部委派，担任公安部警务顾问组组长，赴中非开展为期 3 个月的警务援助工作。其间，他专门为中非警宪指挥官和旅非华侨讲授“漳州 110”的成长历程和在中国的影响，“漳州 110”精神也随之走出国门，走向世界。

7月30日凌晨1时，漳州街头依然有市民在闲适地享受着这座城市的烟火气。

接受指令、发出指令、汇集线索、反馈情况……这个夜晚，对六中队队员而言，注定没有闲适。“我们就是要永做‘人民的保护神’。”带队的六中队中队长杨伟杰说。

一天如此，30年如此，未来也将如此。等待着“漳州110”全体人员的，还有一个又一个不眠之夜。

中国警察网 2020年8月10日

坚持以人民为中心 弘扬新时代“漳州 110”精神

辛 闻

弘扬“漳州 110”精神 永当“人民的保护神”

二十几载峥嵘岁月，回眸一代又一代“漳州 110”人在开拓进取中所走过的一串串足迹，在使命担当中所创造的一幕幕辉煌，感受着“人民的保护神”所产生的巨大社会效应，作为“漳州 110”精神发祥地的公安局，我们有 4 点体会和启示。

忠诚担当、听党指挥是永葆先进本色的生命源泉

20 多年来，“漳州 110”之所以永葆时代的先进性，始终以新时期人民警察的良好形象展示在世人面前、烙印在民众的心中，关键得益于党组织在精心培育中塑造了这支队伍的优良品格，在科学管理中铸就了这支队伍的严明纪律，在严格训练中锤炼了这支队伍的过硬本领和坚强意志。漳州市公安局党委和“漳州 110”党支部始终坚持政治建警、从严治警，筑牢忠诚警魂，坚持党建引领，强化领导带头，严格纪律规矩，健全正向激励，从而锻造了队伍的忠诚信念，磨砺了队

伍的本色特质。特别是紧紧抓住筑就忠诚警魂这一根本，组织广大民警深入学习习近平新时代中国特色社会主义思想，引导广大民警增强“四个意识”、坚定“四个自信”、做到“两个维护”，进一步强化民本理念和使命担当；围绕保障人民群众安居乐业和服务经济社会发展，不断提升处突能力和为民服务水平，从而确保队伍政治过硬、业务过硬、责任过硬、纪律过硬、作风过硬。

不忘初心、人民至上是践行神圣使命的价值追求

20多年来，“漳州110”一直以“人民的保护神”著称，深受人民群众的拥戴和支持，这源于一代又一代“漳州110”人始终坚持以人民为中心的发展理念，忠实践行“人民的保护神”神圣使命，时刻把人民的利益高高举过头顶，把服务和改善民生作为不变的价值追求，自觉践行全心全意为人民服务的宗旨，在赤诚为民的实践中不断探索服务民生的新途径，不断为群众提供更贴心更入微的民生服务，拓展转型升级为“主动预警、精细布警、多维接警、动中处警”勤务新机制，为人民群众创造出更好的生活体验。“漳州110”从人工服务到网上网下联动服务，从自身助民于风雨之中、救民于危难之际到牵引推进60多个部门社会服务联动，从公安110到社会110对接融合，推动形成了民生服务保障的社会联动大格局。

改革创新、科技应用是推动事业发展的强大动力

20多年来，“漳州110”的勤务模式之所以不断转型升级，在保障人民群众安居乐业和服务经济社会发展中发挥重要的作用，主要在于一代又一代“漳州110”人视维护一方稳定、保护一方平安为己任，在

实践中探索，在发展中完善，在改革中创新；关键在于一任又一任漳州市公安局领导班子与时俱进，根据时代发展和人民群众的需求不断赋予“漳州 110”发展的新内涵。从“漳州 110”诞生之日起以维护治安与服务群众并重的勤务运行模式，到历经 6 次重大的警务机制改革，逐步探索建立了“智能化指挥、精准化服务、标准化执法、专业化建设”的新模式，在保障人民安居乐业方面发挥了应有的作用。在“漳州 110”勤务模式的引领下，全市公安机关大力推行立体化管控新体系，形成合成化作战新格局，实现信息化支撑新覆盖，推进精准化服务新拓展，完善规范化执法新机制，展现正规化队伍新形象的“六化警务战略”新布局，一直在改革创新中全面提升动态化、信息化条件下社会治理能力，推进全市公安事业的科学发展、跨越发展。

着眼全局、充分履职是实现共治善治的时代召唤

漳州市公安局着力提升社会治安防控能力和为民服务水平，推进共建共治共享的社会治理格局。全面构建党委领导、政府主导、综治协调、公安主力、部门联动、社会参与的社会治安防控体系，扎实推进扫黑除恶、飓风肃毒、缉枪治爆等打击整治行动，研发使用治安要素智能管控、反诈骗中心等系统平台，建立以“党政领导、条抓块管、属地主责、部门主管”为原则的娱乐场所管理等领域责任链条机制，推动“智慧社区”建设和社区民警进村（社区）班子，建立健全公安机关班子成员挂钩联系经济建设重点项目、经侦部门挂钩联系重点企业等治安跟进制度，健全完善市县镇（乡）三级河道警长体系、领导干部挂钩精准扶贫等制度机制，全力维护社会安定稳定，为建设平安新漳州、富美新漳州营造安全的政治环境、稳定的社会环境、公正的法治环境、优质的服务环境。

20多年如一日，“漳州110”在维护稳定中让人民群众增强安全感，在贴心的服务中让人民群众体验获得感，在服务经济社会发展中让人民群众更具幸福感，在公正执法中促进了社会公平正义，在党风廉政建设中优化了党风政风行风，体现了新时期公安民警的精神风貌，展示了为党和人民事业无私奉献的崇高思想境界，成为经济社会发展的一笔宝贵的精神财富。

（黄华安）

警察故事

警民“雨水情”

1月6日，当记者再次走进“漳州110”事迹展览馆，感受一段段光荣历史的同时，也被悬挂在头上的数百面锦旗吸引。看到其中一面写着“警民雨水情”，还以为是错别字，经民警讲述，才知道了这几个字背后的真实意义。

时间回到2017年6月2日，漳州市区白昼如夜，电闪雷鸣，下起了瓢泼大雨，3小时内降雨量就达100毫米，市区多处被淹，大量群众被困。下午3时许，芗城区待御新村，多处房屋被积水包围。

“积水已进房间了，我女儿残疾动不了，赶紧救救我们。”接到群众报警后，“漳州110”立即赶往现场，此时积水已过膝盖，受困群众或在阳台呼喊，或在高处等待救援。110民警冒着雨，蹚着水，到达报警人家中时，积水还在不断涌进房间。眼看就要漫过残疾女孩的病床，中队长游文明一个“公主抱”，迅速将女孩转移到安全地带，其他队员

“漳州 110”帮助受困群众

也将受困群众一一救出。

“屋里还有个空巢老人！”

游文明顾不得疲惫又冲到老人家中，推开房门时，只见老人坐在角落的木柜上，执意说要等积水消退，不肯离开，可暴雨持续不断，积水只会继续上升，一时不可能消退，经过反复动员，才将老人背出。最终，受困群众全部救出，一个都没落下，而出警民警有的腿脚被划伤，有的因泡在水中太久，过后感冒发烧。

时间再回到 2006 年 5 月，超强台风“珍珠”正面袭击漳州，带来狂风暴雨。也是在待御新村，数十名群众被积水围困。面对齐腰积水，时任“漳州 110”三中队中队长、现任“漳州 110”教导员郑瑞钟带领队员，逆水前行，木板划行。他们从屋顶上，从窗户边，从浸水中，搭人梯、架人墙，或背、或抱、或扶，不断接力，救出一名又一名群众。像这样的场景，发生在“漳州 110”民警身上的还有很多。

“每次下暴雨，我们待御新村绝对是受灾点，可每一次 110 都及时出警，或背或抱救出受灾群众，得到群众的赞扬，印证了‘哪里有危险，哪里就有“漳州 110”’。”待御新村社区居委会主任说，“大水已经涌进家里超过 30 厘米，门口的水更是没过了大腿，110 民警二话没说背起我就往外走。最后等雨停了，水退了些，他们才安心地离开。”

为民情怀坚定不移，赤子初心始终如一。时隔多年，在同样的地方，面对同样的暴风雨，新老“漳州 110”人以同样的举动，演绎了不变的警民“雨水情”。

20 多年来，也正是一代又一代 110 人始终坚守赤诚为民的初心，才使“漳州 110”精神不断传承、发扬光大。

（韩志忠　叶杰伟）

火场急先锋　徒手撕铁门

武侠小说里有空手夺白刃，可福建“漳州 110”的辅警陈超却有徒手撕铁门的功夫。陈超还成了漳州的网红，他徒手撕铁门救火的佳话在街头巷尾传开……

故事发生在 2018 年 6 月 26 日晚上 9 时许，“漳州 110”接到指挥中心指令：芗城区东方明珠小区 18 栋 14 楼屋内冒浓烟，疑似起火。此时正在周边巡逻的 110 警组徐毅、陈超提着灭火器火速赶往，不到 2 分钟就到达现场。可任凭民警如何使劲敲门，屋内始终无人应答，眼看着浓烟不停地往外冒，情况十分危急。

“再不进去把火灭掉，后果不堪设想。”陈超心里想。“里面没人开门，我们又没钥匙，怎么进去？”同事小林着急地说。

“只能硬开了。”话音刚落，只见陈超双手握住铁门上的钢管，用力一撕一拉，几次下来，一扇铁门竟然被他硬生生地撕开了。可里面还有一扇防盗门，此刻，陈超顾不上刚刚被铁门割破、鲜血直流的双手，一脚把第二道门踹开。这时屋内已经浓烟滚滚，呛得人无法呼吸，熏得眼泪不停地流。为了抢救群众的生命财产，陈超等人顾不得自身安危冲进房间，找到着火点位置，迅速将火扑灭，并逐一检查了每一个房间，所幸现场无人员被困。

此时屋主急急忙忙地从外面赶回来，本以为见到的是已被大火吞噬的房间，没想到除了电磁炉和餐桌烧毁之外，没有其他重大损失。看着污头垢面、全身沾满干粉的陈超等人，屋主连声道谢："要不是你们来得及时，估计房子早就被烧没了。"楼下围观的群众也都不住地称赞："'漳州 110'这些小伙子真是'好叫小'（闽南语，意思是"好样的"）！"

事后有战友笑问陈超当时是如何想的，陈超回答："当时没考虑那么多，就是想赶紧把人救出，把火灭掉。"

危急关头，总有"漳州 110"挺身而出。他们秉承赤诚为民的 110 精神，在群众危难时刻冲锋在前。两年来，"漳州 110"参与抢险救灾 100 多起，救助群众 3000 多人，挽回财产损失上千万元。

（韩志忠　方奕阳）

锲而不舍，让传销组织无所遁形

"警察同志，快来救救我儿子，我儿子被传销组织控制了。"2018 年 3 月 11 日凌晨 5 时，四川籍的李先生急急忙忙向福建省漳州市公安局 110 指挥中心报警求助。

接到报警后，"漳州 110"六中队蔡权泉等民警立即赶往现场，经了解，李先生的儿子从四川来漳州找工作。3 月 9 日，李先生接到儿子的手机短信，称自己被传销组织控制了，让李先生立即来漳州把他解救出去。李先生于 3 月 10 日晚上到漳州后就和几个亲戚分头寻找，近几个小时的寻找都没任何收获，加上儿子再三嘱咐不能主动和他联系，生怕被传销人员发现，情急之下李先生只好报警。出警民警根据李先生提供的图片，运用科技装备，通过地图立体截图和所处楼层 7 楼的位置信息进行分析研判、准确定位，很快就判断李先生的儿子所处的是漳州芗城区新浦路的前锋新村。

到达目的地后，民警反复查找图片上所显示的店名，但店铺早已不存在，这更增加了寻找的难度。民警当即转变思路，爬上楼顶根据图片做现场比对，功夫不负有心人，经过耐心寻找，民警初步确定了楼栋单元。

天已破晓，民警到达楼层位置后，在门缝细听，可房间里面没有任何动静，反复敲门也没人回应。经过仔细查看，民警发现内门贴了张小纸条，上面写着一个手机号码，民警立即拨打电话，接通后，民警表明身份并询问房屋情况，电话里一个外地口音的女子说房屋是她的，当民警询问该房屋是否有出租，该女子就把电话挂断。再次拨打电话时，却被对方爆粗口并挂断电话。民警立即向指挥中心请求帮助联系，但同样，刚刚所打的电话一直被挂断，这更让民警产生怀疑。

一整夜未眠的民警和报警人已疲惫不堪，但眼前的场景让民警觉得屋内有猫腻。看着满含深切期盼又心急如焚的李先生，民警丝毫不敢懈怠，更生怕错失良机，迟迟不敢直接把报警人带至所里报案。民警识别了门牌二维码，再次联系指挥中心，试图通过指挥中心获取房东信息，果然，指挥中心帮忙找到了房屋主人的手机号码，民警通过联系房东确定了该房屋处于出租状态，这消息让在场的人都兴奋不已。民警让房东迅速到达现场的同时，用力敲打房门，通过语言威慑和法律告知，房门被打开了，8 个年轻的小伙子双手抱头蹲在角落里，李先生认出了自己的儿子，看着儿子消瘦落魄的样子，流下了心酸的泪水。

离别之际，李先生不停地向民警道谢：“我在四川就听说过‘漳州 110’，今天总算是深刻地见识到了你们的风采，要不是你们毫不懈怠，不放弃一丝希望，我真不知道何时才能见到我儿子。”看着李先生能和儿子团聚，疲惫不堪的民警内心充满喜悦，这一切的付出和坚持太值得了。

一周后，民警们收到了李先生寄来的一块牌匾，上面写着“人民的保护神”！人民群众饱含深切的期盼是人民警察坚持不懈的动力，“漳州 110”以实际行动守护新时代美好生活。

（韩志忠　方奕阳）

群众点赞

生活在“漳州 110”的城市真好

对很多福建漳州市民而言，“漳州 110”是伴随他们成长的名片。我是一名普通的 80 后公司上班族，也是一个土生土长的漳州人，从小就耳濡目染“漳州 110”的事迹，但一直觉得“漳州 110”很近又很远，近的是街头巷尾经常看到 110，经常听到 110 的故事，远的是漳州社会治安好，自己没有亲身接触过 110。

直到有一天，我才切身体会到“漳州 110”的快速反应。2018 年 4 月，我租借了一辆共享单车，中途没锁就去办事，回来单车找不着了，也不知道是被骑走了还是有人恶作剧，我赶紧打电话给单车服务公司，得知如果一周内找不到单车要赔偿损失 1680 元。我当时就着急了，在周围人的提醒下拨打了 110，不到 2 分钟他们就出现在我面前，我着急的心情马上缓和下来，民警仔细询问了我丢车的情况，带着我调取各个路口监控，一个小时就在路边找到了丢失的那辆单车。

无独有偶，2018 年 8 月，我参加朋友的婚礼，那天新娘子接到了“漳州 110”的电话，通知她之前被盗的电动车已经找到，可以去认领。新娘子刚开始觉得很不可思议，以为是诈骗电话，在确定信息真实后，新娘子高兴地拥抱了我半天，这辆电动车见证了新娘和新郎的恋爱过程，在这个特别日子，“漳州 110”带来的是最好的结婚礼物，是锦上添花、双喜临门。这件事情让我非常感动，还分享到朋友圈，很多朋友都点赞留言。

年底工作繁忙，我经常要忙到很晚。有一次，和一个女客户谈到凌晨 2 点，于是就带着她出去吃点东西。客户很诧异，对我说：“都这么晚了，别说还有店家营业，我们两个女孩子大半夜地走在街上，你不觉得很不安全吗？”我很自豪地说：“在漳州无论白天黑夜，走几步就能看到 110 巡逻车，很有安全感的。”果然，我刚说完，身边就经过一辆“漳州 110”警车。“你们漳州治安真是好啊！难怪你敢大半夜出来吃东西。”客户对漳州治安环境的好感，也为我带来一些便利，无形中拉近了我与客户的距离。

很感谢“漳州 110”，生活在有“漳州 110”的城市真好，让我感到很安心，很幸福！

（张桂萍）

孩子丢失，父母担心变放心

我来自福建省漳州市龙文区，从事房地产买卖工作。2017 年 2 月的一个下午，我开车从漳州市龙江大桥往龙文区方向走，看到一个 10 来岁的小孩子在路中间跑，当时我的第一反应就是那孩子肯定是走失的。

龙江路是双向 4 车道，车流比较急，小孩十分危险。我就把车靠边

日常巡逻的“漳州 110”民警

停，等红灯的时候我把他拉到路边来，但是没想到，这个小孩一直哭闹又往路中间跑。这个时候绿灯又亮起来，路上车流还是比较急，当时我唯一的想法就是抓住这个小孩。但是，很多路过群众围观过来，我心里面非常忐忑，因为担心路人把我当人贩子。

我有吸烟的坏习惯，当时，一手抓着他，一手点着烟报了110。忐忑的心情伴随着我，但是不到半根烟的时间，110居然就到了。这个事情，让我更加相信“漳州110”对快速反应的承诺。

让我们觉得特别感动的是，“漳州110”并没有简单地把这小孩交给当地的辖区派出所。事后民警一次回访，我才知道现场负责的民警通过不断询问，用了两三个小时，找到了这个小孩子的家。这个小孩是在早上5点多走丢的，他的父母正在焦急地寻找他。

这个事情给我留下很深刻的印象，它体现了“漳州110”对我们人民群众的关心，对任何大事小事负责任的态度。我们发自内心地感谢“漳州110”对人民群众的真心服务。

（王浩铮）

中国警察网 2019年1月10日

舆论反响

跟随榜样做“有温度的民警”

——“时代楷模”福建省“漳州 110”先进事迹掀起公安战线学习热潮

彭景晖　马跃华

学习“时代楷模”“漳州 110”的先进事迹后，湖北省武汉市公安局东湖生态旅游风景区分局内保大队大队长肖侠更加真切地体会到，做一名“有温度的民警”已成为自己所在战线的时代风尚。

1 月 10 日，第一个中国人民警察节，全国公安战线掀起一场学习“时代楷模”福建省“漳州 110”先进事迹的热潮。广大公安民警重温入警初心，以此庆祝自己的节日。

福建省宁德市柘荣县公安局党委副书记、政委陈智辉说，“漳州 110”的先进事迹，集中体现了人民公安对党忠诚、听党指挥的政治品格。

在云南省迪庆藏族自治州德钦县公安局羊拉派出所，全体民警辅警认真学习了“漳州 110”的先进事迹。民警杨礼超说：“‘漳州 110’始终坚守为民初心，勇于担当、无私奉献。我们将结合工作实际，把‘漳州 110’的精神运用到派出所工作的方方面面，不断推进辖区法治化建设，做到法治便民和法治惠民，用忠诚担当、真心真情和实干奉献保障人民群众安居乐业。”

在被“漳州 110”一切为了人民、一切依靠人民精神感召的同时，很多民警感受到在平凡中坚守信仰与职责的价值。甘肃省酒泉市公安局肃州分局东城关派出所三级警长康丽认为，30余年，手段在变，队伍在变，但人民至上的核心理念不会变。

作为一名守护在高铁车站派出所的铁路警察，武汉铁路公安局武汉公安处天河机场车站派出所教导员李忠建把“漳州110”视作榜样，他要求自己把广大旅客平安出行放在首位，保持“精致、细致、极致”的工作作风，对涉及站车安全和旅客群众利益的事多想一点、多问一句、多做一步，坚持每天把平凡的工作做好，用安全守护好高铁速度，用为民之心体现执法温度，真正让广大旅客享受到更多“平安红利”。

公安部情报指挥中心党委在学习时说，“漳州110”的先进事迹表明，以人民为中心的发展思想历久弥新，公安队伍是一支让党中央放心、让人民群众满意的坚强战斗集体。

江苏省扬州市江都区公安局龙川中心派出所2020年扩建了以民警戴华命名的“戴华警务室”，积极打造当地“公安1号窗口”。戴华在学习后，为警务室下一步的工作进行了规划：“接下来我们将继续坚持‘脚板+汗水’‘传统+科技’‘现实+虚拟’‘爱心+互动’开展社区警务工作，运用‘互联网+’思维和技术，在线下线上两个世界里传承、发展和创新‘枫桥经验’，为老百姓办好事，办实事。”

北京市公安局指挥部再次坚定了提高自身工作水平的信心。民警们在集体学习时表示，要在工作中充分发挥前沿警务技术融合优势，优化多警种协同工作机制，全方位提升合成作战指挥在维护稳定、打击犯罪、治安防控、社会面管控和服务人民群众等方面的能力水平。

“学习不只是为了铭记，更重要的是传承发展。”作为“枫桥经验”发源地的派出所，浙江省诸暨市枫桥派出所的民警们给自己下了任务单——在之前开展“枫桥经验”学习、新老民警“传帮带”、拜群众为师“三堂课”教育实践活动和创新发展新时代“枫桥经验”互学讲坛活动的基础上，把学习“漳州 110”先进事迹与贯彻落实习近平法治思想结合起来，一如既往地坚持和发展新时代“枫桥经验”，提升完善枫桥警务模式。

《光明日报》2021 年 1 月 11 日

恪尽职守为民解忧

连日来，时代楷模“漳州 110”的先进事迹在福建省各地各部门持续引发热烈反响。广大干群纷纷表示，要大力弘扬新时代“漳州 110”精神，立足本职工作，恪尽职守，全心全意为民办实事、解难题。

省直机关工委干部汪永苹说：“眼下，我们开展向‘漳州 110’学习活动，就是要认真对照，学习‘漳州 110’一心为民、无私奉献的精神特质，始终树立为民情怀，真心诚意办实事、解民忧、惠民生。作为省直机关干部，我要加强学习，强化素质，积极有为，引导省直机关广大党员走进社区、走进学校、走进企业，深入基层开展实地调研，全面了解群众关心关注的问题和困难，以为民尽责的实际行动取信于民，以更好的业绩向党和人民汇报。”

时代楷模“漳州 110”的先进事迹在福州海关关警员中引发热烈反响。福州海关关长、党委书记宇方成表示，要深入学习新时代“漳州 110”精神，牢固树立以人民为中心的思想，忠诚履行党和人民赋予的职责，马上就办、真抓实干、锲而不舍、一以贯之，按照更高标准、更严要求推进政治建关、改革强关、依法把关、科技兴关、从严治关，锻造“政治坚定、业务精通、令行禁止、担当奉献”的准军事化纪律部队，把“人民海关为人民”理念根植于思想中，落实到行动上，更好统筹发展和安全，切实维护国门安全。

“早在 20 世纪 90 年代，我就听说过‘漳州 110’的先进事迹。近年来到漳州参加中铁六局新建福厦铁路 9 标段建设，更深切感受到他们热情的服务、果敢的作风、超高的效率、敏锐的洞察力。在福厦铁路漳州段施工中，‘漳州 110’帮助我们解决了许多问题，为工程建设保驾护航。”中铁六局福厦项目部党工委副书记部战胜为更快更灵的“漳州 110”竖起大拇指。

训练有素的“漳州 110”民警

“和‘漳州110’一样，许许多多的警察同志，都以人民为中心、当我们的‘保护神’。在与人民警察的接触中，我看到了他们的艰辛，懂得了他们的不容易。”连江市民郑日说，“公安在为民服务的工作中付出的辛苦与努力，我们老百姓都看在眼里、记在心里。我想对这群可敬可爱的人民警察说一声，祝你们警察节快乐！”

组织学习“漳州110”先进事迹后，莆田市水政监察支队全体队员备受振奋和鼓舞。他们表示，要把“漳州110”精神内化于心、外化于行，不断践行初心使命，坚持对党忠诚、为民服务的理想信念，坚持公正执法、严格执法的法治精神，为创建莆田市木兰溪流域幸福河湖作出应有的贡献。

“‘漳州110’获得‘时代楷模’称号，是福建省的荣光。正是所有人民警察的付出，让我们老百姓有了更强烈的安全感和幸福感。”清流县里田乡干部廖生育说，“作为一名乡镇基层干部，我将恪尽职守，学习他们永远听党指挥、始终忠诚担当的政治本色，学习他们以人民为中心、永做人民保护神的初心使命，学习他们纪律严明、战无不胜的战斗作风，以实际行动书写使命担当，全力为群众办实事、解难题。”

“学习‘漳州110’先进事迹后，印象最深的是远亲不如近邻，近邻不如‘漳州110’这句老百姓的口头禅。金杯银杯不如百姓的口碑。我们要大力弘扬新时代‘漳州110’精神，事事以人民群众为中心，以人民群众的利益为办事的出发点，通过‘每日巡、经常访、及时记、随手做、实时报’等方式，及时发现和处置群众家门口的问题，坚守初心做‘人民的保护神’，不断增强老百姓的安全感和幸福感。”福鼎桐山街道综合巡查大队大队长蔡清柿说。

《福建日报》2021年1月13日

不忘初心对标楷模

在首个“中国人民警察节”到来之际，中央宣传部授予“漳州110”“时代楷模”荣誉称号。2021年1月10日晚8时，“漳州110”先进事迹发布仪式在央视一套播出。全省各地干部群众以及政法系统广大干警自发组织观看发布仪式，他们说，“漳州110”始终牢记习近平总书记“人民的保护神”的殷切嘱托，坚持党建引领、筑牢忠诚警魂，打造了一支过硬的“公安铁军”。对于身边出现这样的楷模，广大干部群众、公安干警倍感欢欣鼓舞，他们纷纷表示，在今后的工作中要不忘初心、对标楷模，以更加奋发昂扬的姿态迈入新征程。

省公安厅110情报指挥中心指挥调度支队民警第一时间收看了“时代楷模”特别节目。大家表示，“中国人民警察节”日期的确定，与“漳州110”密不可分。“漳州110”被授予“时代楷模”，这既是对“漳州110”的肯定，更是福建公安110民警的荣光。作为福建110的一员，要大力弘扬新时代“漳州110”精神，忠诚履职、锐意创新，主动适应大数据时代，强化科技支撑作用，为福建110更快速、更精准打击犯罪，更高效更优质服务人民、当好“人民的保护神”，贡献支队力量。

“榜样就是标杆，榜样就是力量。”省法院司法警察总队表示，将以“漳州110”为榜样，学习他们永远听党指挥、始终忠诚担当的政治本色，学习他们以人民为中心、永做人民保护神的初心使命，学习他们不断探索创新新时代警务新机制、以“四警四化”为核心的先进警务模式，学习他们纪律严明、战无不胜的战斗作风，坚持政治建警、从严治警，不断提升全省法院司法警察队伍革命化、正规化、专业化、职业化建设水平，锻造“四个铁一般”的高素质过硬司法警察铁军，切实履行好党和人民赋予的职责使命。

省检察院法警总队干警表示，要以“漳州110”为榜样，顺应改革、扎实工作，积极推进司法警察队伍革命化、正规化、专业化、职业化建设进程，努力建设一支“对党忠诚、服务人民、执法公正、纪律严明”的司法警察队伍，为“四大检察”全面协调充分发展提供有力警务保障。漳州市检察院检务督察部干警陈光发说，“漳州110”是身边的榜样，要自觉把为人民服务的精神内化于心、外践于行，以时不我待、只争朝夕的状态投入检察工作，努力为人民群众提供更加优质的检察产品。

“漳州110”的先进事迹，在福州市政法系统引起强烈反响。大家认为，“漳州110”始终坚守为民初心、坚持与时俱进，是不忘初心、牢记使命、改革创新、拼搏奉献的典范。大家表示，要汲取“时代楷模”的榜样力量，坚持以人民为中心，积极回应人民群众的新期待，着力解决好人民群众“急难愁盼”问题。要深入推进市域社会治理现代化，健全扫黑除恶长效常治机制，全面提升平安福州建设科学化、社会化、法治化、智能化水平，切实增强人民群众的获得感、幸福感、安全感。

省公安厅治安总队三级警长陈培雄说，30多年来，“漳州110”是忠实践行“对党忠诚、服务人民、执法公正、纪律严明”总要求的优秀公安基层单位，是新时代人民美好幸福生活的守护者，是基层社会治理体系和治理能力现代化的践行者。作为福建公安的一员，感到十分骄傲自豪。“我要向‘漳州 110’学习，坚决做到绝对忠诚、绝对可靠，真心实意为群众办实事解难事，投身更高水平的平安福建建设。”

漳州市反诈骗中心主任陈捷忠表示，“漳州 110”被授予“时代楷模”荣誉称号，是民心所向，也是警心所盼。今后，他们将对标楷模，进一步践行“漳州 110”以人民为中心，做人民保护神的理念，进一步加大打击治理电信网络新型违法犯罪力度，努力做到打击更精准、防范更有效、治理更到位，全力守护人民群众财产安全。

“警察是一个充满荣耀的职业，但也比较辛苦。我希望，奋斗在岗位上的战友都健康、平安。”福州市公安局金山派出所民警陈昭煦看完事迹后说，他从小就有警察梦，现在已经从警 7 年，主要负责片区的日常巡逻防控及 110 接处警。“我们所辖区较大，每天接到的 110 警情有 100 多起，家长里短、鸡毛蒜皮的事不少。忙的时候，我们基本就待在巡逻车上来回跑。夜晚、节假日是各种求助报案的高峰期，不能陪伴家人，执行出警任务时还有一定的危险，但这是我们警察的光荣职责。”

“在这个特殊的节日里收看这样有意义的节目，对我这个警察家属而言有着更深切的体会。”宁德市古田县水口镇干部林楠表示，自己和丈夫长期分居两地，几个月才能见一次，但他们都很清楚各自肩负的职责。林楠的丈夫是一名派出所民警，他经常告诫自己，要做一个“有为”的警察，就是要摒弃虚荣和浮华，摒弃形式主义和享乐主义，通过脚踏实地干好事、干实事，才能在群众心中“有位”。

三明市列东派出所民警黄炜彬说：“在首个‘中国人民警察节’到来之际，看到‘漳州 110’的感人事迹，深受鼓舞、倍感振奋。授予其‘时代楷模’称号，充分体现了党中央、国务院对警察队伍的关心关爱，体现了人民群众对公安工作的理解支持，这是对每一位人民警察的褒奖。我将以此为激励，坚守初心使命，勇于担当作为，永葆绝对忠诚、绝对纯洁、绝对可靠的政治本色，竭尽全力为人民服务。”

“对于身边的楷模，最好的学习是践行。”莆田出入境边防检查站党委书记、站长刘用峰看完电视节目，倍感兴奋。他表示，将学习“漳州 110”精神，主动作为、把好国门，用实际行动书写使命担当。

《福建日报》2021 年 1 月 11 日

对标楷模　永葆对人民的赤子之心

——公安机关先进集体先进个人掀起学习“时代楷模”福建省“漳州110”先进事迹热潮

石　杨

1月10日，首个“中国人民警察节”。大江南北，警旗猎猎。

“您好，110，请讲。”

“别着急，请说清楚您所在的具体位置。”

……

110报警电话，并未因节日而按下暂停键，365天24小时全时服务，电话铃声、键盘敲击声、接警员们热情耐心的应答声此起彼伏，永不打烊，为百姓织就一张平安网。

这一天，中共中央宣传部授予“漳州110”“时代楷模”荣誉称号的喜讯传遍四方，公安机关先进集体、先进个人迅速掀起学习“漳州110”先进事迹热潮。大家一致表示，站在新起点，步入新时代，踏上新征程，面对初心之问，要对标楷模，永葆对人民的赤子之心，用实际行动切实履行好党和人民赋予的职责使命。

以“漳州110”为航灯，永做“人民的保护神”

“漳州110”不负群众“百姓最爱、形象最好”的评价，面临紧急警务，怀揣对工作和事业的无限热爱，努力把工作做到极致。抽空吃饭睡觉、24 小时连轴转、连续几昼夜在岗在位……2020 年，新冠肺炎疫情发生后，“全国抗击新冠肺炎疫情先进集体”、公安部情报指挥中心党委立即启动战时机制，成立专班进行部署，在关键时刻切实发挥党支部的攻坚克难作用，激发党员干部积极投身抗击疫情战场。

“情为民所系，利为民所谋”，公安部情报指挥中心全体民警一致表示，将稳步提升防范和化解风险的能力水平，着力培育“忠诚奉献、担当作为、严谨细致、开拓创新、务实高效”的情报指挥价值追求，争当践行“两个维护”的排头兵，为奋力谱写“两大奇迹”新篇章贡

训练中的“漳州 110”民警

献情指力量。

难忘 2019 年 2 月 1 日，春节来临之际，习近平总书记走进北京市公安局合成作战指挥中心和指挥大厅，了解勤务指挥调度、巡逻警务、视频警务等工作情况，通过视频连线一线执勤民警，向他们表示诚挚慰问，叮嘱他们注意安全、保重身体。

两年来，北京市公安局指挥部全体民警不断将习近平总书记的关怀与嘱托转化为忠诚履职的不竭动力与实际行动。据统计，2020 年，110 接警中心共受理电话报警 800 余万个、短信等其他形式报警 3 万余个，为维护首都社会安定、保护百姓安宁作出了贡献。

“以‘漳州 110’和身边的先进典型为航灯，永做‘人民的保护神’！”北京市公安局指挥部全体民警一致表示，要充分发挥前沿警务技术融合优势，优化多警种协同工作机制，全方位提升合成作战指挥在维护稳定、打击犯罪、治安防控、社会面管控和服务人民群众等方面的能力水平，以优异成绩庆祝建党 100 周年。

荣获全国“公安楷模”的云南省德钦县公安局羊拉派出所与百姓鱼水情深，乡里的群众都能记住民警们的电话号码，民警就是他们心中的 110。

“喜迎警察节，又逢好榜样，虽远隔千里，但‘漳州 110’却带来奋勇前行的不竭动力。”羊拉派出所全体民警辅警一致表示，要结合公安工作实际，把“漳州 110”精神运用到工作的方方面面，不断创新服务群众的举措，推进辖区法治化建设，用真心真情推动民族团结进步，用实干奉献保障群众安居乐业。

以“漳州 110”为旗帜，坚守“人民至上”

30 多年来，“漳州 110”始终坚持“人民至上”、围绕人民所需，为群众创造更有获得感、幸福感、安全感的生活体验是他们长期追求的目标。

“警界保尔”、全国公安系统一级英雄模范、重庆市公安局两江新区分局刑侦支队刑事技术大队教导员陈冰，虽身体残疾，但信念没有残疾，始终和战友们奔波在办案一线，誓要将青春和才智献给党和人民。

“榜样是旗帜，更是力量！”陈冰表示，“我将在本职岗位上坚持科技赋能破案打击，全面掌握刑侦工作发展的新形势、新特点，带领团队不断创新，努力提升专业技术水平，争做刑事技术创新发展的先行者，以更加昂扬的斗志投身到全面建设社会主义现代化国家中！”

以血肉之躯保护人民群众的生命财产安全，用生命价值诠释“人民公安为人民”。

获得“时代楷模”“公安楷模”“最美奋斗者”等荣誉称号的安徽省蚌埠市公安局特警支队六大队政委张劼表示，学习“漳州110”精神，立足本职，牢牢把握新时代公安机关留置看护监管部门的重大政治责任和历史使命，为推动反腐败斗争和公安工作高质量发展提供坚实保障。

从警20余年，“全国三八红旗手”、江苏省扬州市公安局江都分局龙川派出所三级警长戴华将互联网思维和技术与传统社区警务创新融合，织密温暖群众的“心网”；建立“网上警务室”，服务群众近10万人（次）；利用网络寻亲，使23名退役军人、198对失散的亲人重逢。

戴华表示，将继续坚持“脚板+汗水”“传统+科技”“白+黑”“5+2”“现实+虚拟”“爱心+互动”等方法开展社区警务工作，发展和创新“枫桥经验”，为父老乡亲多办事、办实事、办好事，不断提高老百姓的获得感、幸福感、安全感。

以“漳州110”为标尺，书写“为民”答卷

“漳州110”用快速接警、有求必应的热情服务，温暖着一方百姓。“漳州110”的典型经验也早已走向全国，激励着各地公安机关和广大民警奋力书写“为民”答卷。

2020年年初，新冠肺炎疫情发生后，湖北省武汉市公安局东湖生态旅游风景区分局内保大队大队长肖侠一直奋战在一线，打通为民服务“最后一公里”。

“要向‘漳州110’看齐，做一名有温度的警察，视群众为亲人，

用心用情去服务。”肖侠表示，今后将继续发挥特长，采取多种形式协助社区继续做好心理疏导等工作，并将所学运用到反电诈宣传工作中，为保护好人民群众的生命财产安全尽心竭力。

把社区群众当家人，深耕社区“责任田”，才能在琐碎工作中守好初心。

“全国先进工作者”、甘肃省酒泉市公安局肃州分局东城关派出所社区民警康丽表示，作为基层社区民警，将准确采集每一条信息，调解好每一起矛盾纠纷，摸排清每一条不稳定因素，及时发现消除安全隐患，做好社区法治宣传，进一步提高辖区人民群众的获得感、幸福感、安全感。

守护战“疫”生命线期间，“全国优秀共产党员”、武汉铁路公安局武汉公安处天河机场车站派出所教导员李忠建连续 3 个月坚守岗位，与战友们守护武汉。

“把‘漳州 110’视为榜样，把广大旅客平安出行放在首位。”李忠建表示，要保持“精致、细致、极致”的工作作风，对涉及站车安全和旅客群众利益的事多想一点、多问一句、多做一步，坚持把平凡的工作做好，用责任之心守护好高铁速度，用为民之心体现执法温度，真正让广大旅客享受更多的“平安红利”。

中国警察网 2021 年 1 月 14 日

评论观点

在创新中践行为民初心（快评）

从 1990 年创建伊始的 7 个人、3 支枪、1 辆三轮摩托车，到如今 9 个中队、警力 240 余人的专业化队伍，“漳州 110”在 30 余年发展历程中经历了巨变，但始终不变的是“以人民为中心”的理念。

创新巡防机制，变“坐等接处警”为“就近接处警”；通过互联网、大数据等技术，提升警力效能、突出主动预防；打通部门壁垒，联通警务与政务，推动形成社会联动服务格局……

立足百姓所思所盼，在创新中践行为民初心，“漳州 110”30 余年的生动实践，书写了一张为民服务的合格答卷，树起了推进治理体系和治理能力现代化的鲜活标杆。

《人民日报》2021 年 1 月 10 日

热血铸盾护佑安宁

董建国　吴剑锋

在福建漳州，“远亲不如近邻，近邻不如‘漳州 110’”的说法家喻户晓。自 1990 年成立以来，“漳州 110”始终初心不改，忠诚为民，构筑起一道守护一方平安的铜墙铁壁，被当地群众亲切地称为“人民的守护神”。

从最初成立时的 7 个人、3 支枪、1 辆三轮摩托车，到如今的 9 个中队、240 余名警力，30 多年来，“漳州 110”队伍不断壮大，不变的是尽心竭力为民服务的底色和内核。

时光荏苒，初心不变。30 多年来，“漳州 110”始终把群众满意当成最大的考量。大到徒手夺刀、飞檐走壁救下轻生女孩，小到送迷路老人回家、为市民找回失窃的电动车……在当地百姓津津乐道的故事里，总有这支队伍的影子。“警察就在身边，平安就在眼前”，是当地群众的切身体会。

创新探索不止步，让“漳州 110”总能更快更灵服务群众。“漳州 110”始终在接警快、派警快、到场快、处置快上下功夫，努力实现“更快一秒”。百姓的痛点在哪里，创新的方向就在哪里。近年来，更是从百姓需求出发，从群众反映的“急”“难”“危”等问题入手，运

冒着生命危险搬出液化气罐的“漳州 110”民警

用大数据、互联网等技术，努力让人民群众更满意。

让群众“零差评”需要与时俱进的创新，也需要热血不息的坚持。“漳州 110”这块闪亮的招牌背后，有每一位警员的铮铮誓言和平凡坚守。他们有的冲在打击犯罪的一线，有的长期默默无闻、甘当无名英雄，有的在平凡工作岗位上甘做“老黄牛”、当好“螺丝钉”……多年来，一棒接着一棒传、一个接着一个干，努力涓滴成河，让人民群众生命财产安全有了更多保障。

榜样是旗帜，也是力量。“漳州 110”的内核不限于漳州一隅，已在祖国大地上将热血铸就的金盾擦拭得熠熠生辉，牢牢护佑着大家的生活安宁。

新华社福州 2021 年 1 月 9 日电

永做“人民的保护神”

马跃华

“漳州 110”作为全国公安战线的一面旗帜，建队 30 余年来，始终秉承“人民的困难就是我们的困难，人民的满意就是我们最大的心愿”的理念，以实际行动兑现了“人民公安为人民”的庄严承诺：主动预警、精细布警、多维接警、动中处警，让群众感受到安全就在身边。智能化指挥、精准化服务、标准化执法、专业化建设，使得为民服务能力不断增强。

“漳州 110”在维护稳定中让人民群众增强安全感，在贴心服务中让人民群众体验获得感，在服务经济社会发展中让人民群众更具幸福感，在公正执法中促进了社会公平正义，在党风廉政建设中优化了党风政风行风，体现了新时期公安民警的精神风貌，展示了为党和人民事业无私奉献的崇高思想境界，成为经济社会发展的一笔宝贵的精神财富。

一个榜样就是一面旗帜、一座标杆、一种力量。新时代，“漳州 110”已不单指漳州市公安局巡特警支队直属大队，它正内外开花，辐射效应全面显现。

学习和发展新时代“漳州 110”精神，要把党的群众路线作为工作的生命线，想群众之所想、急群众之所急，让人民群众获得感、幸福感、安全感更加充实、更加持续。

《光明日报》2021 年 1 月 10 日

“漳州 110”持续引领新时代公安改革潮流

中国青年报评论员

2021 年 1 月 10 日是首个“中国人民警察节”暨第三十五个“110 宣传日”。作为国家层面专门为人民警察队伍设立的节日，警察节完善了人民警察荣誉制度和标志体系，高度肯定人民警察队伍忠诚履职、无私奉献的敬业精神。

1 月 10 日有特别的寓意，看到这个日期数字，人们自然会想起报警电话“110”。30 多年来，110 报警服务体系随时在线、及时响应。全国各地日夜不息的“110”接警电波，构筑起了维护社会治安、打击违法犯罪的铜墙铁壁。

“漳州 110”就是无数个为人民服务的“110”的典型代表。“远亲不如近邻，近邻不如‘漳州 110’。”这支敢为人先的队伍，在全国首创 110 报警服务台和快速反应机制，开启了人民警察维护治安与服务群众并重的先河。作为一张城市名片，“漳州 110”用快速接警、有求必应的热情服务，温暖着每一个需要帮助支持的人。许多先进经验做法也从漳州走向全国，其“党性至上、敢为人先、永不止步”的新时代精神，树立起全国公安战线的旗帜。

习近平同志在福建工作期间，曾多次亲临考察指导，赞誉“漳州

110”是“人民的保护神”。党的十九大以来，“漳州110”全力推动接处警工作转型升级，构建起“四警四化”现代警务机制，以改革创新的精神，不断提升人民警察服务群众、维护治安的本领能力。

以人民为中心，做人民的保护神。一支作风优良的警察队伍，必然是志愿献身人民公安事业的先进集体。正是有了“对党忠诚、服务人民、执法公正、纪律严明，矢志不渝”的使命担当，“漳州110”才不负群众“百姓最爱、形象最好”的卓越评价。面临紧急的警务，只有真正对工作和事业充满热爱，才能忍受“工作最苦”，把“坏人最怕”的工作态度发挥到极致。

警情就是命令，号令就是行动。快速反应是110接警服务的生命线，只有止于未发，才是对人民最好的保护。“漳州110”一路走来，可以做到警情5分钟内到场率达80%以上、10分钟内到场率达100%，群众满意率达100%。“漳州110”创建人郭韶翔曾表示，为了夜间快速出警，值班民警睡觉不脱衣、不脱裤、不脱袜。在人民群众切身利益面前，只有快一些、更快一些，才能救百姓于危难。

“漳州110”备受好评，与他们坚持改革创新的精神风貌有紧密关系。中国人民公安大学教授朱旭东认为，在“漳州110”的改革创新中，效率警务、服务警务、责任警务、法治警务、廉洁警务、专业警务等现代中国警务要素的因子全部存在。“漳州110”的治理思路还被引入社会民生、反诈骗、交通应急增援、社会群防群治等领域。通过不懈改革创新，“漳州110”在新时代持续引领公安改革的潮流。

近日，习近平总书记对政法工作作出重要指示强调，各级政法机关要认真贯彻党的十九届五中全会和中央全面依法治国工作会议精神，更加注重系统观念、法治思维、强基导向，切实推动政法工作高质量发展。

“十四五”时期，我国要统筹发展和安全，建设更高水平的平安中国，人民警察肩负的责任重大。“漳州 110”作为公安系统的一面旗帜，是我国创新体制机制、改善社会治安、提升社会治理面貌的缩影。学习弘扬“漳州 110”精神，要借鉴其治理经验，加强全社会治安防控体系建设，推动社会治理体系转型升级，从而筑牢社会安全屏障，让人民产生更多的获得感、幸福感、安全感。

《中国青年报》2021 年 1 月 11 日

忠心向党　砥砺担当

——论大力弘扬新时代“漳州 110”精神

人民公安报评论员

在首个“中国人民警察节”到来之际，中央宣传部向全社会公开发布福建省“漳州 110”的先进事迹，授予他们“时代楷模”荣誉称号。忠心向党、砥砺担当。多年来，“漳州 110”这支光荣警队坚持党建引领，筑牢忠诚警魂，打造过硬“公安铁军”，成为忠实践行习近平总书记“对党忠诚、服务人民、执法公正、纪律严明”总要求的优秀公安基层单位代表。

始终牢牢坚持党的领导、全面从严管党治警，是“漳州 110”勇立时代潮头、走在时代前列的关键和根本。30 多年来，“漳州 110”始终将忠诚教育摆在首位、把纪律规矩挺在前面，从民警入队之初就讲党性、讲传承，讲纪律、讲廉洁，为民警扣好从警生涯第一颗扣子。推动党建工作与公安业务工作同频共振、深度融合，使民警真正受到党性教育和心灵洗礼，打牢了全体民警高举旗帜、听党指挥、忠诚使命的思想根基，成为全国公安机关维护治安、服务人民的一面旗帜，是当之无愧的“时代楷模”。

坚持党的领导是做好公安工作的根本保证和最大优势。“漳州 110”之所以始终保持并不断焕发出新的旺盛生机和活力，成为新时代人民美好幸福生活的守护者、基层社会治理体系和治理能力现代化建设的优秀践行者，最根本的原因就是始终坚持党的领导，突出政治建设生命线，坚定崇高的理想信念和正确的政治方向，始终坚持以党的旗帜为旗帜、以党的方向为方向、以党的意志为意志，切实打牢高举旗帜、听党指挥、忠诚使命的思想根基，传承好警队红色基因，将对党忠诚、公安姓党内化于心、外化于行。在新的历史条件下，我们大力弘扬新时代“漳州 110”精神，就必须深刻把握新时代公安工作的新要求，把政治建设放在首位，在政治立场、政治方向、政治原则、政治道路上同以习近平同志为核心的党中央保持高度一致，严守党的政治纪律和政治规矩，坚决做到绝对忠诚、听党指挥、勇于担当，确保党的路线方针政策在公安机关得到不折不扣贯彻执行。

崇高的事业需要榜样的引领。全国公安机关和广大民警要坚持以习近平新时代中国特色社会主义思想为指导，学习发扬新时代“漳州 110”精神，广泛营造学习先进、崇尚先进、争当先进的良好氛围，在坚持和加强党对公安工作绝对领导上下功夫、见实效，在营造良好警风上下功夫、见实效，把学习成果落实到坚定理想信念、提升政治素养的行动上，强化使命担当、锤炼过硬作风，为保障人民幸福、国家安全、社会稳定作出新的更大贡献。

《人民公安报》2021 年 1 月 11 日

赤诚为民　恪尽职守

——二论大力弘扬新时代“漳州 110”精神

人民公安报评论员

心若有民，有口皆碑。作为全国公安机关为民服务的一面旗帜，提到 110“生命热线”，人们总会想起“漳州 110”。30 余年来，“漳州 110”始终将人民放在心中最高位置，把“人民的保护神”镌刻在旗帜上、落实到行动中，赤诚为民、恪尽职守，书写了一张为民服务的精彩答卷，树起了一个勇于担当的鲜活标杆。他们是以人民为中心的发展思想的忠实践行者，他们无愧于“时代楷模”这个光荣称号。

恪守赤诚为民的初心使命，是“漳州 110”一直以来的价值追求。“远亲不如近邻，近邻不如‘漳州 110’”，“漳州 110”30 余年的发展史，就是一部竭诚为民的奋斗史。“漳州 110”之所以受到群众的真心拥戴和支持，“以人民为中心，做人民的保护神”精神之所以历久弥新、焕发出新的生机活力，关键就在于他们始终把人民的利益高高举过头顶、将“人民”二字贯穿事业发展历程，想群众之所想，急群众之所急，在顺应时代发展中不断赋予“漳州 110”新内涵，有效拓展了公安机关服务保障民生的新路径，回应了人民群众对公安工作的新期待。

人民公安来自人民，人民公安为了人民。实现好、维护好、发展好最广大人民的根本利益，这是公安队伍持之以恒的追求。“漳州 110”

始终秉承“人民的困难就是我们的困难，人民的满意就是我们最大的心愿”，把群众所忧、所惧、所需、所盼作为一切工作的出发点和落脚点，把办好民生小案、小事、小情、小节作为践行初心使命的具体实践，以实际行动兑现了人民公安为人民的庄严承诺。在新的历史条件下，我们大力弘扬新时代“漳州 110”精神，就必须深入践行以人民为中心的发展思想，把人民群众对美好生活的向往作为不懈追求，厚植公安工作的群众根基，真正将新时代“漳州 110”精神转化为坚持不懈地为民行动，努力让人民群众的获得感成色更足、幸福感更可持续、安全感更有保障。

榜样是旗帜，更是激发前行的力量。全国公安机关和广大民警要坚持以习近平新时代中国特色社会主义思想为指导，学习和发扬新时代“漳州 110”精神，牢记职责使命、汲取榜样力量，坚守为民初心、勇于担当作为，以服务群众、改善民生的实效实绩回应人民群众对公安工作的新期待，全力做好维护国家政治安全和社会稳定各项工作，奋力谱写新时代公安工作新篇章。

《人民公安报》2021 年 1 月 12 日

开拓创新　提质增效

——三论大力弘扬新时代“漳州 110”精神

人民公安报评论员

抓创新就是抓发展，谋创新就是谋未来。科技赋能、机制创新，“漳州 110”着力打造“四警四化”现代警务新机制，向改革要动力要活力、向创新要警力要战斗力，努力做到“更快一秒”，在实践中显现出强大效能。

110，作为应急处突的“触发器”、打击犯罪的“桥头堡”、治安防控“信息源”，如何实现警务前置、有效预警？如何做到“快一点、再快一点”？把握发展方向，围绕实战要求，漳州市公安局把推动“漳州 110”创新发展作为重要政治任务，积极回应群众新期待，不断创新工作机制，磨砺技法战法，探索形成了主动预警、精细布警、多维接警、动中处警和智能化指挥、精准化服务、标准化执法、专业化建设的“四警四化”现代警务新机制，体现出更快更灵、更精更细、更全更强、更实更好的警务特征，持续推动接处警工作转型升级。

用兵贵在神速。快速反应、止于未发、高效处置，是 110 工作始终追求的目标理念。快，是这一目标理念的核心要素和关键所在。经过 30 多年发展，“漳州 110”不断在实践中探索，接处警工作实战化、专业化水平不断提升，实现从“被动反应”向“主动攻防”的转变。

“四警四化”新机制真正实现接警快、派警快、到场快、处置快，做到“快一步处置警情、快一步服务群众、快一步保护人民”，“忠诚使命、止于未发、更快更灵、共治善治”的经验也成为各地学习的样板。

创新是社会治理现代化的必然要求。“漳州 110”成长的过程，就是围绕社会发展和百姓需要不断自我革新、自我加压的过程。以“漳州 110”为旗帜和代表，30 多年发展历程里，全国 110 打击犯罪、维护治安、服务群众的宗旨从未改变，探索与创新的脚步从未停止。着眼社会治安新情况，聚焦违法犯罪新特点，各地公安机关要着力推进警务前置和有效预警，不断提高 110 信息化、科技化、智能化水平，始终瞄准社会治理前沿，坚定不移走改革强警之路，坚持创新驱动发展，深入推进 110 警务运行机制改革，不断提升 110 接处警工作的整体效能和战斗力，在提升警务运行质效、推进基层社会治理方面作出更多有益探索。

《人民公安报》2021 年 1 月 13 日

30年来，“漳州 110”这样让“110”成为人民警察标志性品牌

黄如飞　苏益纯

在“漳州 110”的每一位民警身上，都有一个很容易辨识的标识——红袖标。这红袖标是百姓的安全感，更是基层社会综合治理的精神力量。

——题记

2021 年 1 月 8 日 23 时 40 分，福建“漳州 110”基地办公楼前，警务巡逻车和摩托车依次排列。经队列整顿后，“漳州 110”队员分别乘车奔向各自巡逻的辖区，等待他们的是从零时到 7 时 30 分的大夜班。

1990 年，“漳州 110”靠着 7 个人、3 支枪、1 辆三轮摩托车，在全国首创了 110 报警服务台和快速反应机制，随后推动全国各地开通 110 报警服务台，使 110 成为人民警察队伍的标志性品牌。1996 年 9 月 18 日，时任福建省委副书记的习近平同志赞誉“漳州 110”为“人民的保护神”。

30 年来，“漳州 110”先后经历 7 次重大勤务改革，锻造成一支训练有素、业务精湛、享誉全国的巡警队伍。2021 年 1 月 10 日，中共中央宣传部授予“漳州 110”“时代楷模”称号。

“警务模式的‘变’是为了‘不变’。以不变应万变，不变的是为

民初心，变是为了创新发展，积极回应人民群众的新期待。‘漳州 110’与时俱进的改革创新，都是为了践行‘为人民服务’的初心和使命。我们要‘以人民为中心，做人民的保护神’！”漳州市副市长、市公安局局长林晓东说。

向内挖潜　7 次推动警务改革

“叮……”2020 年 12 月 24 日 9 时 45 分，漳州市公安局指挥情报中心分别接到 3 名群众报警：3 辆电动车丢了。“漳州 110”民警调取 3 辆电动车的被盗录像，通过整理线索后发现，3 辆电动车竟为同一个人盗窃。

“视频中，嫌疑人把被盗的车辆开走，并藏匿在附近较为隐蔽的地方，再叫客运车负责运送。”“漳州 110”二中队中队长侯旭鹏说，群众报警和电动车被盗相隔半个小时，此时如果被盗车辆被运送到城区以外，归还给老百姓的概率就很小了。民警决定迅速锁定并控制客运司机。

“我们全程监控，发现车已经行驶到龙海市海澄镇。我们当即要求司机立即返回市区，且途中不能卸货。11 时 45 分，仅用 2 小时，我们就将 4 辆电动车找回。”侯旭鹏介绍，其中一名失主甚至还未发现车被偷。物归原主后，失主连连竖起大拇指。

类似的场景在过去的 30 多年里，几乎每天都在上演。只要百姓一个电话，第一个到现场的总是戴着红袖标的“漳州 110”。为了追求“再快一秒”，他们要求自己甚至到了严苛的地步。

“刀在坏人手，一秒都太久。我们第一任大队长为了更快更灵，要求大家从高楼顺杆下滑，不脱衣服睡觉。”“漳州 110”大队长黄海强说，1996 年 5 月，“漳州 110”创新探索出“路面巡逻 + 接处警”的工作模式。

2016 年 7 月，“漳州 110”又根据面积、人口、警情数量等要素，把漳州市区 45 平方公里细化成 11 个警区，每个区域全天候 24 小时保持路面巡逻执勤。

在“漳州 110”，“以人民为中心”是一切行为的出发点，是一切创新指向的目标。“从群众的角度来看，当然最大的希望是警察能够帮我挽回损失。因此，我们在 2017 年 4 月组建了图侦工作专班，这也是尝试‘巡警与破案’相结合的方式。”黄海强说。“漳州 110”的队员几乎每天都在处置并将过程优化完善，为的就是能够将安全隐患消弭在发生之前。

“以前，你报警我出警，并带回派出所做笔录立案，立案后启动侦查。但是我们发现，事后的研判侦查往往会错失最佳的侦查时机。”“漳州 110”九中队中队长王微说，现在，巡警和破案同步启动。在街面警

启用图像侦查的“漳州 110”民警

力未到之前，民警已经通过视频开始实时追踪。往往是失主还在做笔录，被窃物品就已经找到了。

图像侦查是刑事侦查的常见手段，就是公安机关从监控画面中找到破案的有效线索。而在此之前，行业里几乎没有巡警与图像侦查技术相结合的典范。

“没有教科书，图侦该怎么跟巡警结合？”王微说，虽然不知道前方的路该怎么走，但第一步总得迈出去。“漳州 110”开始从每一起警情里探索，让后台图像侦查与前方路面警力配合，再给巡警的快速反应加把火。于是，就有了 2 小时破获 4 辆被盗电动车的快速反应。

“不断地向内挖潜，提升能力和水平。2020 年 12 月，我局组建 110 合成作战中心，从‘快派快处、快破快挽、快督快结、快奖快惩’8 个方面入手，推动维稳安保、社会防控、打击整治、执法规范、队伍管理全要素创新发展。”黄海强介绍，30 年来，“漳州 110”先后 7 次推动警务改革，并成立 110 合成作战中心，打造全息作战体系，不断推动“漳州 110”警务转型升级。其最主要的目的就是更好地服务人民群众。

再快一秒　从细节上下足功夫

时至今日，如何用更快的速度处理警情，依然是每一位“漳州 110”民警持续研究并攻关的命题。除了勤务改革以外，民警们还在细节上下足功夫。

老百姓常说，“漳州 110”民警是活地图。就拿“漳州 110”图侦中队的警员何煜晖来说，他的大脑里熟记漳州市城区将近 1 万个摄像头的位置和拍摄的内容。“一开始，我也不行，那就‘逛街’来学来练。一遍记不住，就两遍，还记不住，就继续逛。”何煜晖说，用笨办法掌握漳州市每一处路面情况，才能在接警后，以最短时间赶到现场。

“在我任职‘漳州110’大队长期间，我发现民警往往是在最后100米耽误工夫。例如，接警后知道小区在哪儿，但五号楼往哪走不知道。”“漳州110”第三任大队长许佳表示，2000年起，漳州市开始现代化发展，一个个老社区、老街道都发生了很大的变化。民警就把地图做成图册，人手一份，汽车摩托车上都装着。路面装了带有编号的不锈钢报警牌，即便群众不熟悉自己所在位置，一说编号，民警就能找到。2018年9月，图侦专班成立“110米跨‘难’”工作小组，对辖区居民小区进行摸底，形成底数清单，着手绘制辖区居民小区图。

警力有限，民力无穷，群防群治工作在这个过程中开花结果。图侦队员深入每一个小区，用脚步丈量民情，以行动联系群众。老旧小区找居委会，新建小区找物业，群策群力。一些小区管理人员主动留下联系方式，表示愿意配合警务工作。在警民协同努力之下，不仅迅速地取得了小区地理基础数据，且封闭式小区的出入口、开放式小区的小路近道等隐蔽信息也得到了补充。

“一次深夜接到中骏蓝湾小区的纠纷警情，这个小区是新楼盘，有上百栋楼。民警在赶往现场的路上，已经用手机PDF图查看了小区内部建筑分布，找到最优的出警路线，并与小区保安队长取得联系。出警速度快，群众满意度就高了。”“漳州110”九中队民警杨锦煌道出了许多110人的心声。

“110米跨‘难’”工作小组历时一个月，共采集辖区内11个巡区共284个小区，绘制示意图284张、标注3291栋楼，详细标明每个小区每栋楼的方位、周边主要道路以及小区大门出入口；采集备注每个小区的物业、保安负责人信息共计705条。如今，“漳州110”的警情5分钟内到场率达80%以上、10分钟内到场率达100%，群众满意率达100%。

“‘又快又灵’听起来是句口号，但我们每一代‘漳州110’都在细节上下足功夫，不管是什么年代，不断地根据实际环境和问题去动脑筋，去拆解动作。”黄海强说，“漳州 110”一年要办理 4 万多起警情。但对于多数百姓来说，一辈子可能就报一次警。这唯一的体验，就是百姓对当地党委政府工作的体验。“漳州 110”就是要累积一次次的小体验，创造群众对新时代的美好感受和体验。

永葆忠诚　将从严治警摆在重要位置

“‘漳州 110’更像一个学校，我们漳州市公安局新入职的民警基本上都要先到 110 来学习锻炼。这里讲忠诚、讲传承、仪式感、使命感……”“漳州 110”民警杨锦煌骄傲地说，这里就是他们人生新的起点。

“新警就是一张白纸，我们要帮他们系好政治生涯中的第一粒扣子。”“漳州 110”教导员张斌拿出了两份纸质材料，一份是《个人思想状况档案》，一份是《巡特警支队直属大队民警岗位绩效考评实施细则》。

这份实施细则中，大至执法规范，小至牙刷怎么摆，都有明确的规定和加减分措施。“纪律是刚性的，也是我们‘漳州 110’关注的重点。”张斌介绍，“漳州 110”从初创时起，就不断强化基础体能考核、内务夺标竞赛、执法资格考试竞赛等。

此外，漳州市公安局所有民警、文职、职工、辅警均有一份思想档案，里面涵盖家庭情况、资产情况等内容，附在思想档案最后的是个人征信报告。

“‘漳州 110’作为一支为人民服务的公仆队伍，始终贯彻‘以德为先’的处事标准。绝对忠诚、绝对纯洁、绝对可靠，‘漳州 110’30 年来如此，未来更将如此。”张斌说，新警入职、提拔时，“漳州 110”都会摸排其思想状况。只要是在漳州公安工作，这份思想档案会一直跟随队员。“漳州 110”每月还会进行一次谈心家访，了解队员的实际困难，便于更精准地爱警惠警。

除了强化纪律之外，处警时间如何保障？执法服务态度如何保证？“漳州 110”九中队（图侦中队）的视频倒查也是执法监督利器。

处警速度快与慢，服务群众态度好与差，主观因素还是客观限制——九中队每月都会对所有队员的执法记录仪视频进行倒查，并在队员绩效考评中予以具体体现。

此外，九中队每天还会从当天警情中随机抽取 10% 做警情回访，收集当事人意见，并做详细核实。王微告诉记者：“回访中，如果发现队员处置不当或态度不好，我们就会上报处置。”

“我们主动给队员上一道紧箍的同时，注重正面的典型培树。”张斌认为，多树正面典型，有利于激励年轻人的争创意识。

当队员从“漳州 110”离队时，都会获赠一个用相框裱起来的红袖标。这个红袖标是队员自己佩戴过的。红袖标上的序号代表队员的批次和年龄排号。“希望离开的队员能始终铭记这段人生经历，将‘漳州 110’精神传承下去，发扬光大。”张斌说。

共治善治　创新社会治理的“漳州模式”

如今，“红袖标”还在引领着更多人前进。其精神已经由公安延伸到政府，延伸到基层，延伸到群众，引领创新出漳州市“民生 110”“民间 110”“社区（乡村）110”等一系列品牌。

“社区 110 帮了大忙，大姐的身份证终于办好了！”家住芗城区东铺头街道县后小区的林老伯咧开嘴笑了。原来，林老伯的姐姐由于精神疾病不便出门，一直没能办理二代身份证。“社区 110”网格员林小珍得知这一情况后，马上向社区民警通报，在多方协助下，帮林大姐补拍照片，顺利完成身份证的更换工作。

平和县芦溪镇总人口 4.7 万，派出所警力配备仅有 5 人。不久前，芦溪镇芦丰村的叶某德、叶某生两兄弟因财产问题发生纠纷。公安机关接警后，根据 110 非警务事项联动处置流程，指令芦丰村“乡村 110”队员就近处置。4 分钟后，巡防队员就到达现场，好言相劝，耐心调解，顺利化解了两兄弟的积怨。

“我们的红袖标写着‘乡村 110’。可当我第一次带队去巡逻，村民们都觉得看不懂我们在干什么。那一刻我才发现，不是看我穿什么，而是看要做什么。从前碰到摔倒的老人，有些年轻的干部担心被碰瓷，而现在他们一定会去扶；两兄弟起争执拿着锄头镰刀，再晚一分钟就要砍在对方脑袋上了。我们第一时间到现场去调解。”芦溪镇芦丰村 110 指导员叶伯群表示，戴着红袖标，村干部的心里就多了一个念头：要为老百姓做事，绝对不能给红袖标抹黑。

此外，漳州还用“110+”理念升级 12345 便民服务平台，实现公安 110 与“民生 110”三方通话、平台流转，共流转非警务事项。群众只需拨打“12345”就可以进行各类咨询、投诉、建议和求助。“我们以老百姓的评价作为唯一标准，判断这事是否处理完毕。群众不满意，我们就再处理，直到群众满意为止。”漳州“12345”便民服务热线负责人江海燕说。

而漳州的“民间 110”——APP“芗里芗亲”已吸纳了 29 万余名注册志愿者。“在漳州，人人都是 110！咱们发布的‘巡防任务’经常都不够抢，小马甲、小红帽随处可见。漳州最牛的志愿者，甚至用 APP 的‘随手拍’，发现了一个传销窝点！”漳州市委政法委综治督导科科长王国东说，最高峰时，共有 1.4 万人同时在路面上为“漳州 110”做坚强后盾。警民联动，治安能不好吗？

现在，“漳州 110”“以人民为中心”的理念已经辐射到社会各行各业，引领带动政府职能部门加速转型和升级，进一步推动基层社会治理体系和治理能力现代化建设。越来越多的人正在加入学习“漳州110”精神的队伍中，以各自所长，守护着一方水土的安宁。

评论：“红袖标”的接力荣光

漳州，在中国的版图上，只是一个小城市。但对于全国各地的人民警察来说，却是一个亲切的地方。这份亲切来源于“110”3个简单数字的组合。

1990年，漳州首创“110”，并引领全国建立110报警服务台和快速反应机制。多年来，“漳州110”日均投入巡逻警车48车次，全年巡逻里程约80.3万公里，相当于绕地球20圈。

在打击犯罪、保护人民的关键时刻，他们挺身而出、冲锋在前；在重大安保任务前，他们不怕疲劳、连续奋战。老百姓的事，哪怕只是鸡毛蒜皮的小事，只要

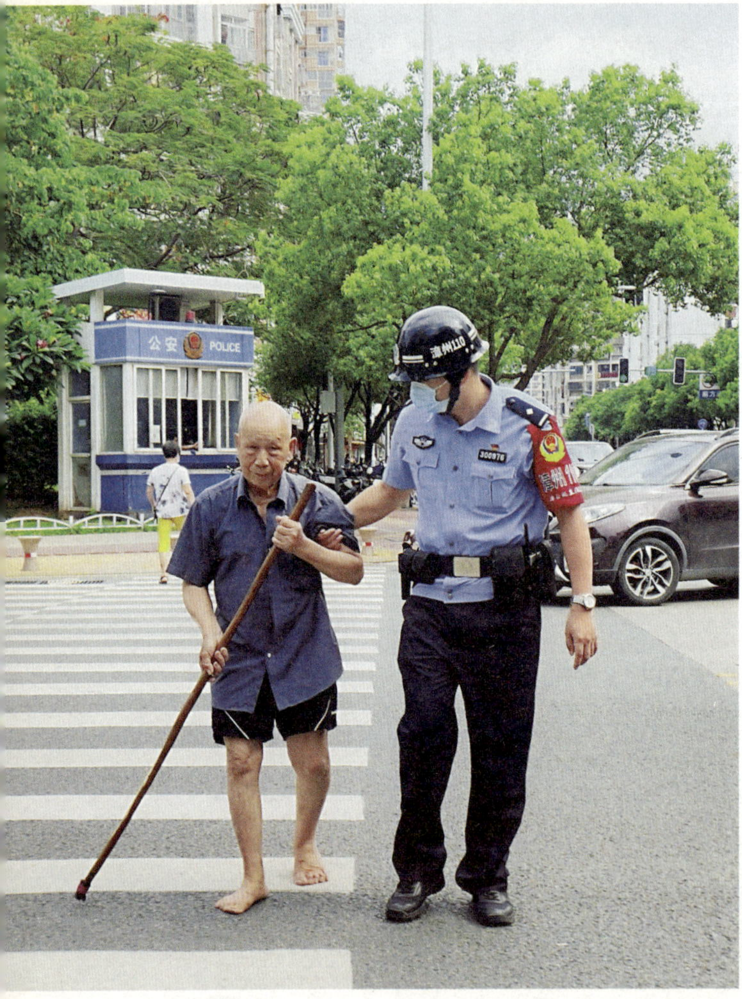

无处不在的“红袖标”

涉及人民群众的利益，他们都会以无私的奉献之心一一处理。在漳州，“红袖标”早已印在了人民的脑海里。人们口口相传：“远亲不如近邻，近邻不如‘漳州 110’。”

随着时代的变化，治安环境更加复杂，违法犯罪的类型、手段不断更迭翻新，六代“漳州 110”人不忘初心，先后进行 7 次重大勤务机制改革，把“再快一秒”作为永恒追求。每一次改变，都是想民之所想、急民之所急。

改革的背后，是数十年如一日的“漳州 110”精神。“漳州 110”始终牢记习近平总书记“人民的保护神”的殷切嘱托，把一切为了人民的思想和行动播撒到各行各业，生根发芽。

在“漳州 110”的带动下，“民生 110”“民间 110”“社区（乡村）110”吸引大量志愿力量加入。戴上“红袖标”，“社区（乡村）110”也像“漳州 110”一样，在平凡的岗位上辛勤耕耘，当好“螺丝钉”，使更多矛盾纠纷化解在家门口，更多安全隐患消弭在未发之时。“漳州 110”就像炽热的火种，点燃温暖和友善的力量，在社会人群中传播着共建共治共享的新理念。

夜幕降临，“红袖标”开始新一轮的巡逻。街上人来人往，“红袖标”默默地从人群中穿过，他们接力守护的，就是这样欢乐祥和的场景，这世间的温暖与安宁。

《福建日报》2021 年 1 月 12 日

在光荣里接力荣光

——“时代楷模”“漳州110”先进事迹在全市引起热烈反响

蔡柳楠　廖瑜婷

在首个“中国人民警察节”到来之际，1月10日，中央宣传部公开发布福建省“漳州110”先进事迹，授予其“时代楷模”荣誉称号。当晚，中央电视台综合频道CCTV-1《时代楷模发布厅》栏目播出“漳州110”先进事迹。漳州广大干部民警群众认真收听收看节目，反响热烈。

“光荣”“自豪”“感恩”成为大家提及的高频词。大家纷纷表示，要以“漳州110”为榜样，立足本职岗位，扎实做好各项工作，在光荣里接力荣光。

他们，是守护者

“‘漳州110’获此荣誉，让我更加深切感受到各级党委、政府的关心和厚爱，社会各界群众的肯定和拥护，也为自己是‘漳州110’的一员感到骄傲和自豪。”市公安局巡特警支队支队长李海宁说，今后，巡特警支队将持续深化向“漳州110”学习活动，汲取“时代楷模”的榜样力量，在工作上进一步整合支队力量，激发警务机制活力，服务市局大合成作战建设，奋力推动“漳州110”各项工作高质量发展、创造新的辉煌。

“漳州110”大队长黄海强说，“时代楷模”荣誉称号，是时代赋予的荣誉，更是“漳州110”所有民警的集体荣耀。感谢30年来，支持、鼓励、信任“漳州110”的父老乡亲，接下来，将继续探索实践全息作战体系，实现从快接快处到快侦快破快挽损的转型升级，让“漳州110”更快更灵，永远做“人民的保护神”。

民警家属，是“人民的保护神”背后的家庭“守护者”。“漳州110”教导员张斌的爱人沈燕通过电视收看该节目，情到深处，热泪盈眶。“虽然我爱人常年忙于工作，无法顾及家庭，但我知道，他们是父老乡亲信任爱戴的队伍，是守护人民美好生活的优秀集体，我为他在这样一支队伍里服务感到骄傲。”沈燕表示，她将一如既往支持“漳州110”，守护好家庭后方，让丈夫全身心的为这支队伍、为漳州人民服务。

他们，是学习者

“看到那一抹熟悉的红袖标盛放在全国的舞台上，我们都与有荣焉。”市委政法委法治科林腾说他警校毕业，从警多年，目前仍在政法战线上工作，深知“人民的保护神”是用血汗乃至生命铸就的庄严承诺。未来，他将以“漳州110”为榜样，与全市政法战线的战友并肩作战，做新时代人民美好幸福生活的守护者，做基层社会治理体系和治理能力现代化建设的践行者，为建设更高水平的平安漳州、法治漳州，作出新的更大贡献。

“‘漳州110’早已成为全市践行全心全意为人民服务的标杆之一。”市委宣传部干部黄梅香由衷感叹道，作为一名宣传思想工作者，将守正创新，以老百姓喜闻乐见的形式，生动全面地展现出 110 精神等漳州“五种精神”风采，为漳州市“大抓工业、抓大工业”，全方位推动高质量发展超越、建设富美新漳州提供坚强精神动力。

华安县委政法委干部唐海晨是一名漳州 90 后，从小就耳濡目染“漳州 110”的感人事迹。“直到参加工作后我才逐渐认识到，‘漳州 110’不仅是一群人的故事，更是一种信仰和担当。”唐海晨说，作为基层工作者，不管身在何处、身居何职，只要真正赤诚为民、热情服务，真心实意为群众排忧解难，同样能在平凡的岗位上焕发出像“漳州 110”一样的“保护神”光芒。

他们，是亲历者

警灯常闪、警察常在，是漳州财贸学校副书记、副校长郑春树的切身感受。作为一名教育工作者，他经常在学校周边看到“漳州 110”民警巡逻的身影，正是民警们的辛苦付出让广大师生特别有安全感，校园周边治安秩序井然有序。“‘漳州 110’获得‘时代楷模’荣誉称号当之无愧，相信他们可以为群众新时代美好生活创造更好更多体验。”郑春树说。

“收听收看完节目，我为咱们漳州能有这么一支优秀的队伍而感到自豪，更为自己能加入这支队伍而骄傲。”新桥街道党工委组织委员、政法委员陈廉毅告诉记者，得益于近年来漳州城乡社区网格治理“2+N”模式的创建，越来越多的居民加入到社区 110 网格服务的队伍中，把百姓身边的小事、急事、难事都解决在了家门口。

台风来临时，他们顶风冒雨奋战一线；新冠肺炎疫情突发时，他们不顾个人安危为民解难。“正是因为有了他们的存在，我们才觉心安。”金冠社区书记罗云玉告诉记者，新时代“漳州 110”进行了深层次改革，基层管理共治共享更智能。社区居民不仅能够通过二维码门牌、高德地图定位等实现互联网接处警，还能通过“芗里芗亲”APP等软件实现群防群治。

当看到“漳州110”迅速破获手机连环盗窃案时，市民陈晓雯的思绪一下子回到了多年前。那年，她不慎丢失手机，焦头烂额之时，“漳州110”民警主动联系上她，送回了手机。陈晓雯说，民警日常工作中的小案件，背后是大民心。诸如此类民生小案时常发生，“漳州110”却30多年始终如一，足以看出这是一支全心全意为人民服务的好队伍。

《闽南日报》2021年1月11日

让新时代“漳州 110”精神持续焕发光彩

人民公安报评论员

节日，以特有的仪式感铭记荣誉、承扬精神。“漳州 110”这支承载光荣和使命的队伍，与“中国人民警察节”有着深厚的渊源。

在广大人民群众心里，110 是人民警察队伍的标志性品牌，1 月 10 日也由此成为“中国人民警察节”。“漳州 110”作为全国公安战线一面高高飘扬的旗帜，一代又一代扛旗人初心不改、竭诚为民，与时俱进、改革创新，不断丰富和发展着“漳州 110”的价值追求和新时代精神内涵，筑起了“人民的保护神”的不朽丰碑。

时光永不停歇，记录奋进步履。30 多年来，“漳州 110”始终坚持党建引领、铸牢忠诚警魂，以维护一方稳定、确保一方平安为己任，不断提升维护国家安全和社会稳定的能力水平，持续夯实民警纪律规矩意识，使队伍始终保持风清气正、奋发向上的良好氛围，忠诚廉洁是新时代“漳州 110”精神永葆先进的内生力量；30 多年来，“漳州 110”坚守为民初心、勇于担当作为，时刻把人民群众的利益放在第一位，想群众之所想、急群众之所急、解群众之所困，在服务群众、改善民生方面持续发力、久久为功，受到群众真心拥戴和支持，赤诚为民是新时代“漳州 110”精神恒久勃发的动力源泉；30 多年来，“漳州

执勤中的“漳州 110”特警

110”勤于探索、勇于开拓，从开启维护治安与服务群众并重先河，到构建“四警四化”现代警务新机制，不断推动接处警工作转型升级，以开路破局、敢闯敢试的劲头勇做公安警务机制改革的先行者、社会治理创新的实践者，改革创新是新时代“漳州 110”精神鲜明闪耀的内涵特质。

精神穿透岁月，激励勇毅前行。庆祝首个“中国人民警察节”，我们要记取节日的意义、汲取精神的养分、激荡时代的潮音，把新时代“漳州 110”精神的火炬传递下去，把忠诚、为民、进取的精神内核转化为维护国家安全和社会稳定的澎湃力量，勇往直前、锐意拼搏，让新时代“漳州 110”精神不断焕发新的光彩。

中国警察网 2021 年 1 月 9 日

文学故事

追捕杀人凶手

1993年4月24日，这是一个普通的暮春日子。入夜时分，凉爽宜人，街上的行人渐渐多起来，人们在谈笑风生；夜深时分，行人都回家睡觉了。漳州市区一向热闹的北京路也没有例外，黄灿灿的路灯在渐渐空荡的街上竟显得有些落寞。

然而，在这种时刻，110民警依然枕戈待发。23时，报警电话突然响起。北京路发生一起伤害案。正在值班的巡警大队长郭韶翔带着几名民警立刻冲向值班室外的走廊，从三楼一根通向楼底的钢管迅速滑落。这根钢管是为了让值班巡警缩短从三楼值班室到一楼的时间特意安装的。转眼间，那辆敞篷的巡警吉普车已驶出大门。

在奔驰的车上，郭韶翔通过报话机同报警服务台联系，知道案件发生地点是在北京路22号。5分钟后，他们赶到了案发地点。北京路22号门口，一名男子倒在血泊中，身上被捅了好几刀，已奄奄一息。郭韶翔分开围观的人，叫民警立刻将被害人送往医院抢救，同时着手进行调查。

事情很快就弄清楚，这是一起因纠纷引起的伤害案。被害人被送到医院后抢救无效死亡。案情刚刚发生，要趁案犯尚未外逃时捉拿归

执勤的"漳州 110"民警

案，郭韶翔下了决心。

这时，天已发亮。他看着手下的民警那困乏发红的眼睛，不忍心让忙了一夜的他们继续跟着自己干，于是换了一组民警。通过细致深入的探访，郭韶翔掌握了一条十分有价值的线索，案犯将于中午 12 时在中山公园东门与人接头取钱，准备外逃。

中山公园东门是漳州市最热闹的地方，人来人往，川流不息，不易控制，但郭韶翔信心十足，他已将乔装的民警布置在各点，只要案犯一出现，插翅难逃。

接头的时间到了，没有动静。半个小时过去了，一个小时又过去了，还是没有动静。莫非走漏了风声，或是案犯嗅到了有什么不对头？民警开始焦急起来。

郭韶翔派人寻查，终于了解到凶手临时改变了主意，已经到厦门去了。

郭韶翔铁心要跟这个凶手较量一番，决定亲自追到厦门。此行厦门，还不一定顺利，为了不让民警过于疲劳，他又换了一个小组。

经过几个小时的奔袭，他们驱车来到了厦门市湖滨南路。湖滨南路是厦门新开发的市区，绿树扶苏，高楼林立，在一处不显眼的卤鸭店里，他们发现了案犯。神兵从天降，公安民警出现在眼前。凶手着实怔了一下，立即图谋反抗。郭韶翔连同一起去的民警康来勇、李海庆，猛虎一样扑过去，三下五除二便制伏了凶手。

当他们押着案犯回到漳州，已是灯火阑珊时。大街上川流的行人，他们谈笑风生。这时，郭韶翔已整整一天一夜没有合眼。

“江湖大盗”落网记

1994年12月21日晚，天黑沉沉的。隆冬的寒风挟着阵阵冷意恣意侵扰着芗城的大街小巷。

夜还不是很深，但除了几条繁华的街道外，街上已罕见行人。市区北京路上业已寂静索然。20点左右，突然从修文东路的交叉路口拐出一个鬼鬼祟祟的人影，穿着一件黑色风衣，头戴一顶鸭舌帽，一双贼溜溜的“三角眼”骨碌碌地四处张望。当确定四周没人后，“三角眼”迅即走到一辆CBT摩托车旁边。“没人，真是天助我也。”“三角眼”暗自庆幸自己运气不错。他迅速地从风衣里面拿出一把大钳子，“咔嚓”一声剪断摩托车的链锁，双手扶住手把，用力一拧，车头锁就打开了。接着他又熟练地接通了电源，发动了摩托车。

车主陈某恰巧办完事归来，看见自己的车被盗，遂大喝一声，冲上前去。“三角眼”见有人来，连忙丢下车，拔腿就逃，陈某奋力追赶但已追不上了，只好眼睁睁地看着盗车贼跑进一条伸手不见五指的胡同里。20点55分，巡警大队的110值班电话铃急促地响起。20点58分，值班的巡警中队长康来勇和民警吴志坚、周胡杰已赶到了现场。在听取陈某简单述说案情后，3位民警合计：这盗车贼在短时间内不可能跑远，估计就在这条胡同的附近。

吴志坚自告奋勇：“我先进胡同看看。”他左手拿着电筒，弓着腰、侧着步，慢慢地挪进胡同。一双警惕的眼睛仔细观察着四周的情况。这是条死胡同，但很宽很长。胡同的尽头是一座大厦的侧面，挡住了出路，旁边有一堵坍塌的围墙，两侧是两排四五米高的盖瓦片的平房。吴志坚仔细地瞧了瞧围墙，发现有明显的攀爬痕迹。歹徒肯定是从围墙爬上了屋顶，吴志坚来不及告诉外面的战友，手一撑上了围墙，爬上了屋顶。

此时，“三角眼”躲在屋顶一条窄窄的雨披下，他正在为到嘴的肥肉没吃成而懊恼不已。一阵寒风挟着几丝雨滴向他袭来，他打了个冷颤，好冷。“三角眼”裹了裹风衣，从口袋里摸出一根香烟点燃，突然一束光线射来，“三角眼”一惊，本能地回头一瞧。只见一位身穿橄榄绿，右腰侧别着手枪的警察犹如神兵天降，正迈步向他走来。“三角眼”以为警察发现了自己，忙从雨披下跳出来，脱下风衣摔向吴志坚，又顺手从腰间拔出钳子，向西侧逃窜。吴志坚发现了目标，追了过来，大喝一声：“站住，不许动！”“三角眼”没有理他，只顾一气地跑，企图趁夜色逃窜。我的妈啊！“三角眼”已跑到屋顶边缘，一脚悬空。要不是刹得快，他已摔下来了。前无去路，后有追兵，“三角眼”眼看无处可跑，突然转过身来，点头哈腰对着吴志坚说：“大哥，放我一马吧！我身上有 2000 多元，全都给你。”“少来这一套，还是老老实实跟我走，争取从宽处理。”吴志坚严厉喝道。“三角眼”见这名警察不吃软的，狠了狠心，恶向胆边生。他扬起钳子，狠狠一砸，黑暗中吴志坚躲闪不及，一股黏糊糊的鲜血顺着脸颊流了下来，一滴、两滴，身上的迷彩服已血迹斑斑。吴志坚忍住钻心的剧痛，仍一步步地逼近。“三角眼”傻了眼，吓慌了，连忙转身，闭上眼睛往下一跳。还好，没伤到筋骨，“三角眼”一骨碌爬起来，得意洋洋地看着屋顶上的警察，你敢跳？怕你没这个胆。吴志坚扔掉手电筒，提了口气，也跟着跳了下来，咬住不放，如影附随。“三角眼”这次真的慌了，想自己闯荡江湖十几年，凭着一身出神入化的功夫，从没失过手、坐过牢，人称“江湖大盗”。没想到，这次在漳州第一次行窃，竟遇到这样一位玩命的警察，难道命中注定有此一劫？但“三角眼”毕竟是一个老江湖，他不甘心就这样束手就擒，于是他又爬到临街的屋顶上。好样的民警吴志坚，在后面穷追不舍。“三角眼”见仍摆脱不了追击，只好又跳下屋，朝延安南路跑去。不行，歹徒一旦跑到人群当中，要抓他就更难了。吴志坚拔出枪，扣动扳机，朝空鸣枪示警。听到清脆的枪响，“三角眼”再也跑不动了，心发虚、脸发白，两脚发软。吴志坚迅速来一个“猛虎下山”，以迅雷不及掩耳之势，将“三角眼”制伏。一副锃亮的手铐戴在了“江湖大盗”的双腕上。“大盗”做梦也想不到，会栽在名不见经传的漳州巡警手上。“大盗”落网后，群众纷纷赞扬巡警艺高人胆大，为民除了一害。

您的号码被盗用，请付款追回！

一通来自“刑侦总队”的电话

“喂，您好，请问是曾女士吗？我是来自刑侦总队的队长，我姓刘，您的号码现在涉嫌被毒品案件的犯罪嫌疑人盗用于洗钱活动，请立即将您的号码设置为无法接通，加一下这个手机号码的微信后，找到一个空旷无人的地方后再和我联系。”

打破冬日宁静的指令

“616，指挥中心呼叫。”

“请讲。”

“接反诈中心的预警，在芗城区某小区16栋501有诈骗嫌疑人冒充公检法正在对一名女子实施诈骗，请立即前往制止。”

“616明白”。

2019年12月21日的这个预警指令使得冬日懒洋洋的空气都变得

尤为紧张，“漳州 110”郑益熙警组接到指令后迅速赶赴现场，生怕骗子已经得手。

“消失不见”的受害者

郑益熙到了曾某的家门口，连敲了几下门，可惜迎来的却是几声尖锐的犬吠。询问曾某的邻居，都没有她的行踪消息，此时寻人行动陷入困境。这时，616 警组接到指导员蔡权泉的电话，原来在另一片区的指导员在接到警情通报后，第一时间便联系曾某身在平和的父亲，拨打其女儿电话亦无法接通，只知道她租住在芗城某小区 16 栋 501。蔡权泉立即联系曾某舍友，通过其舍友得知一个重要的消息，曾某是今天中午 12 点 30 分从宿舍离开，身着蓝色羽绒服、黑色短裙，并通过手机位置发现其应该在芝山路与腾飞路一带活动。

止于未发，更快更灵

能否第一时间帮助群众挽回损失，也许就差于电光石火之间。得知情况后，郑益熙警组及该片区的吴慧能警组兵分 4 路，在芝山公园、实验幼儿园、第一职业技术学院校、城市职业技术学院展开直径 5 公里的徒步搜索。功夫不负有心人，经过 40 分钟的搜索，民警终于在芝山公园内找到了正在和“刑侦总队”的“刘队长”通话的曾某。

曾某得知我们花了 1 个多小时才找到她时，忍不住红了眼眶，连声道歉并致谢。隔天下午，曾某来到了“漳州 110”基地，送上了一面写着“人民卫士、一心为民”的锦旗。

烈火铸警魂

“有警必接、有难必帮、有险必救、有求必应”，这是“漳州110”报警服务台对人民群众的铮铮誓言，也是他们全方位、多功能为民服务的真实写照。他们对罪犯嫉恶如仇，而对人民群众却倾注了满腔的爱。这里要讲述的是一则他们灭火抢险、抢救群众生命财产的真实故事。

1996年6月4日上午，初夏的早晨并不怎么炎热，徐徐凉风让人心旷神怡。街市上人来人往，忙忙碌碌，一派欢乐、祥和的景象。然而，谁能想到，一场火灾即将在这个风和日丽的早晨发生。

8点50分，从新华西路石狮巷10单元的围墙内悄然涌出一股烟雾。起初，淡淡的烟雾并未引起人们的注意。但过了一会儿，烟雾越来越浓，很快就弥漫了整条小巷，并开始向闹市蔓延。“这里着火啦！救火啊！”一个过路行人发现了异常情况，大声疾呼。闻讯而来的群众望着铁门里面的滚滚浓烟和“噼里啪啦”的爆裂声，一时不知所措，慌了手脚。“赶快打110报警！”危急之中人们想到了“保护神”。

9点2分，闻警而动的民警戴文辉、黄春发、朱承文迅速赶到了现场。此时，火苗已爬上了门窗，蹿上了屋顶，火星四溅，“你们两位赶快组织群众救火，我先进屋切断电源。”副指导员戴文辉目睹此种情况，临危不乱，果断地做了布置。接着，他迅速爬上围墙，跳进天井。“哎哟！”他感到一股钻心的疼痛，不觉叫了一声。原来右手心被墙上的碎玻璃割破了，鲜血直流。他顾不上包扎伤口，睁大眼睛在浓雾中寻找电源开关。找到了，他一阵惊喜，急忙伸出满是血迹的手拉下了电闸。围墙外，黄春发也已敲掉铁门上的铜锁，打开了铁门。民警朱承文病后初愈，拖着仍很虚弱的身子，和群众一起进行着灭火战斗。

“屋里有液化气瓶。”闻讯赶回的屋主焦急地说。此时整个房屋已差不多被凶猛的大火吞没，浓烟裹着烈焰四处跳跃，蹿动的火焰是那么的狰狞可怕。屋顶的残留物正一块一块地往下掉，随时都有塌下的可能。这时候冲进屋里显然十分危险。但如不及时转移液化气瓶，一旦引起爆炸，不但会扩大火灾损失，甚至会造成人员伤亡，后果不堪设想。戴文辉二话没说，冲进屋里。屋里灼热的气浪迎面扑来，戴文辉强忍住阵阵窒息，找到了那颗躺在熊熊燃烧的电冰箱旁的“定时炸弹”。好险！他提起液化气瓶，用力地旋转压力阀，一转、两转，没成功。他再用力一扯，也扯不掉橡胶管。戴文辉急中生智。跑进厨房，找出一把锋利的刀来，迅速割断橡胶管，提起 50 多斤重的液化气瓶。突然，屋顶的一块瓦片掉了下来，砸在他的头上，戴文辉感到一阵眩昏。他咬紧牙关，憋了口气，冲出了“火炉”，身后的屋顶也随之“轰隆”一声塌了下来。

这时，消防队也及时赶到了现场。顿时，多条水枪愤怒地射向肆虐的“火魔”，渐渐地，大火失去了刚才的淫威，拖着长长的尾巴“逃”走了，3 位民警沾满烟灰的脸上露出了欣慰的笑容。

警民“雨水情”

芗城区待御新村地处低洼地带，每次下暴雨都是受灾点。2006年5月，超强台风“珍珠”正面袭击漳州。狂风暴雨下，待御新村数十名群众被积水围困。时任“漳州110”三中队中队长郑瑞钟带领队员逆水前行，一个不落，将群众一一救出。

2017年6月2日，漳州市区白昼如夜，电闪雷鸣，下起了瓢泼大雨，3小时内降雨量就达100毫米，市区多处被淹，大量群众被困。

哪里有危险，哪里就有“漳州110”的身影。“积水已进房间了，我女儿患有残疾动不了，赶紧救救我们。”下午3时许，芗城区待御新村，多处房屋被积水包围，陈女士向110紧急求助。

接报后，“漳州110”立即赶往现场，此时积水已过膝盖，受困群众或在阳台呼喊，或在高处等待救援。民警游文明等冒着雨，蹚着水，到达陈女士家中时，积水还在不断涌进房间，眼看着就要漫过其女儿病床，游文明一个“公主抱”，迅速将女孩转移到安全地带，其他队员也将被困群众一一救出。此时，听群众说村里还有个空巢老人，游文明顾不上疲惫又冲到老人家中，推开房门时，看到老人坐在角落的木柜上还不肯走，他立即动员老人，将老人背出。最终，受困群众全部救出，一个都没落下，而他们有的腿脚被划伤，有的因泡在水中太久感冒发烧。

“当时积水进到房间有 30 厘米了，天还在下雨，110 看积水还不断在上涨，动员我赶紧离开，背我出来，真的非常有责任心！”讲到去年的暴雨，当初被游文明背出的吴姓老人仍然心有余悸，不由得对“漳州 110”连连称赞。

“每次下暴雨，我们待御新村绝对是受灾点，可每一次 110 都及时出警，或背或抱救出受灾群众，得到群众的赞扬，印证了‘哪里有危险，哪里就有漳州 110’。”大桥社区主任说。

为民情怀坚定不移，赤子初心始终如一。时隔 11 年，在同样的地方，面对同样的暴风雨，新老 110 人做出了同样的举动，演绎着不变的警民“雨水情”。“28 年来，也正是因为一代又一代的 110 人传承践行着忠诚、热情为民的‘漳州 110’精神，才使我们在全心全意为民服务的道路上越走越远，永不褪色。”“漳州 110”教导员郑瑞钟说。

小纸条红袖标

——耄耋老人别样“寻人记”

“110同志，你们认识这个人吗？”2018年2月13日，家住市总工会宿舍、年近九旬的管雪欣老人拿着一张小纸条，向出警的110民警打听人，这是咋回事呢？

“去年年底，我出来取钱后忘记怎么回家了，当时正在下雨，路面很滑，110同志看我行动不便，让我不要动，叫来一辆车把我送回家，还扶我上楼。”原来老太太是为了寻找雨天送她回家的110民警。

2017年11月的一个雨天，在市区北京路周边巡逻的110民警吴海雄发现管雪欣老人迷路，便将其送回家。老人十分感动，执意表示要到小吴的单位当面感谢，被小吴婉拒。之后，在老太太的一再坚持下，吴海雄只好留下一张写着他们名字的小纸条。

这样的事，对于吴海雄和他的110同事们来说，只是工作勤务中一件十分普通的小事，然而，令他们没想到的是，这件事却成为管雪欣老人心头的一件大事。为了表达谢意，她带着小纸条多次辗转到碧湖等地寻找，还让她女儿和之前同事帮忙打听，最后都无功而返。感激之情始终萦绕在老人心里，小纸条一直被老人当作压箱底的宝贝，小心翼翼地收在衣柜里。

民警帮助拾荒老人

2018 年 2 月 13 日，管雪欣老人因一租客占用她家杂物间引发纠纷报警求助，看到胳膊上一样戴着"漳州 110"红袖标的民警，老人赶紧把已经收在柜子里 3 个多月的小纸条拿出来向民警打听，这才找到吴海雄。

得知老太太心系 110，一直在寻找帮助她的民警，2018 年春节前夕，吴海雄等人来到老太太家中看望她。

2018 年 7 月初，"漳州 110"民警吴海雄再次到老太太家里看望她。

"你们今天来看我，我真的太高兴，太感谢了！"她说每次女儿孙子回来，她都跟他们讲："110 同志关心人民、爱护人民，你们一定要谢谢他们。"

老人朴实的话语，让吴海雄等人感动不已："没想到我们日常工作中再平常不过的小事，会让老百姓这么牵挂，这让我感到作为一名 110

民警的责任和自豪。”

心若有民，有口皆碑。勤务改革后的“漳州 110”始终牢记为民宗旨，把群众的每一起报警当作自己的大事来办。

据统计，两年来，“漳州 110”共接到求助报警 4.38 万起，救助群众上万人。类似耄耋老人管雪欣这样“远亲不如近邻，近邻不如‘漳州 110’”警民鱼水情的佳话，正不断在漳州的街头巷尾传颂和演绎着。

党建旗飘扬，名字叫“朝阳”

疫情就是命令，“疫情就是警情”。为做好新型冠状病毒肺炎疫情的防控工作，“漳州 110”秉着“党员优先、干部优先”的原则，抽调 16 名队员组成“朝阳突击队”，赶赴全市唯一疫情定点收治医院执行安保任务，以实际行动践行初心使命，让党旗在战“疫”一线飘扬，让党徽在战“疫”一线闪光。

党建引领作表率

突击队 16 名队员入驻后第一时间成立临时党支部，第一时间进行战时动员，第一时间部署工作任务。在奋战防控新冠肺炎疫情面前，疫情定点医院朝阳突击队临时党支部恪尽职守，逆流而上，勠力同心，舍小家为大家，冲锋在疫情防控第一线，充分发挥了党组织在疫情防控中的战斗堡垒作用和党员干部先锋模范作用，以党建引领践行初心使命，用自身的“危险”换取百姓的“安全”。

主动作为敢担当

朝阳医院作为定点医院，为减少风险，原有部分专业科室已经迁移，由于市民不知情，一些有需求的患者仍然前往医院看病，无形中增加了交叉感染的风险，同时影响了医务人员的工作。朝阳突击队临时党支部意识到疫情防控的潜在风险，一方面与医院协调，让医院的工作人员告知需要复查的市民相关科室的迁移地址，并将告示放置在医院显眼处；另一方面加强警戒线范围内安保力量，坚持全天候无缝隙执勤，耐心引导群众不靠近、不停留，从而达到减少人员流动、加强疫情管控的目的。

坚守岗位挑重担

朝阳突击队站在管控的第一阵地，为了防止确诊以及疑似感染新冠病毒的人员与其他人员接触，避免交叉感染，他们夜以继日地站岗执勤，严防死守，顶着凌晨的寒风，担着家人的忧虑，坚守防线，杜绝漏洞。在元宵节的晚上， 名男性病例经核酸检测已排除患新冠肺炎，由于未正式得到批准暂不能安排其出院，该名男子情绪较激动，疑似有出走倾向。接到院方通报后，为防患于未然，朝阳突击队临时党支部立即向大队汇报并精细部署警力防控。随后，马上投入到紧张的战斗中，4 名民警高度负责，在可能出现的点位上严防死守，即使在凌晨 6℃的寒风中瑟瑟发抖也依然坚守阵地，防止人员擅自出走。在专班的严防死守下，该男子最终按照正规程序办理出院手续，有效防范了恶性出走事件的发生。

暖心举措触民心

朝阳突击队不辱使命战斗在防疫的一线，仍然不忘对那些在隔离区逗留、停歇的人进行宣传教育并劝离。2 月 6 日 10 时许，党员民警杨志祥正在收治大楼点位执勤，此时一名家长带着一个七八岁的小朋友要到隔离区附近的小卖铺。他发现这名家长戴着口罩，而小朋友却没有戴口罩。为了尽可能降低小朋友受传染的风险，杨志祥顾不上批评这位“心大”的家长，也顾不上执勤用的口罩本就很紧张，立马从背包中“挤”出一个给小朋友戴上，这才放下心来。紧接着，民警立即对这名家长进行教育和普及戴口罩的重要性，并对他们进行劝离。家长连连对民警表示感谢，并惭愧地表示以后一定会注意做好防疫措施。

传统佳节，因坚守而动人；防控疫情，用奋战来回应。先后督促整改 12 个风险点，核查出入人员 155 批次、9113 人，劝返 92 人、劝诫教育 17 人，成功阻止试图脱逃涉疫患者 1 名，他们是“漳州 110”，也是漳州最美的“逆行者”，他们以坚守与担当，为人民群众构筑起一道道健康防线。

视频链接

中宣部授予福建省“漳州 110”“时代楷模”荣誉称号

在首个“中国人民警察节”到来之际，中央宣传部向全社会公开发布福建省“漳州 110”的先进事迹，授予他们“时代楷模”荣誉称号。

福建省“漳州 110”，全称为“福建省漳州市公安局巡特警支队直属大队”，1990 年引领全国建立 110 报警服务台和快速反应机制，实现了打击犯罪、维护治安、服务群众功能的有效整合，赢得了当地党委政府的充分肯定和人民群众的高度信赖，被百姓亲切地誉为“远亲不如近邻，近邻不如‘漳州 110’”，推动“110”成为人民警察队伍的标志性品牌。中宣部当时会同有关部门，将“漳州 110”作为全国重大典型进行宣传，在全社会引起广泛深刻影响。进入新时代，“漳州 110”认真学习习近平总书记关于公安工作系列重要论述精神，坚持党建引领，筑牢忠诚警魂，深化警务机制改革，着力打造“漳州 110”升级版，积极拓展建立网格治理“社区（乡村）110”，进一步提升打击犯罪和服务群众的整体效能，有力推进基层社会治理体系建设，不断增强人民群众获得感、幸福感、安全感。

“漳州 110”的先进事迹宣传报道后，在社会上引起热烈反响。广

2021 年 1 月 10 日，中央宣传部授予福建省“漳州 110”“时代楷模”荣誉称号

大干部群众认为，“漳州 110”是忠实践行习近平总书记“对党忠诚、服务人民、执法公正、纪律严明”总要求的优秀公安基层单位代表，是新时代人民美好幸福生活的守护者，是基层社会治理体系和治理能力现代化建设的践行者。他们的先进事迹，集中体现了人民公安对党忠诚、听党指挥的政治品格，一切为了人民、一切依靠人民的价值追求，改革强警、锐意创新的奋进精神，克己奉公、无私奉献的良好形象。广大公安民警表示，要深入学习贯彻习近平新时代中国特色社会主义思想和习近平法治思想，认真贯彻落实习近平总书记在中国人民警察警旗授旗仪式上的重要训词精神，进一步增强“四个意识”、坚定“四个自信”、做到“两个维护”，以“漳州 110”为榜样，以人民为中心，做“人民的保护神”，不断推进基层社会治理体系和治理能力现代化建设，以优异成绩迎接建党 100 周年，为全面建设社会主义现代化国家、实现中华民族伟大复兴的中国梦创造安全稳定的政治社会环境，

作出新的更大贡献。

“时代楷模”发布仪式现场宣读了《中共中央宣传部关于授予福建省“漳州 110”“时代楷模”称号的决定》，播放了反映“漳州 110”先进事迹的短片，中央宣传部负责同志为“漳州 110”成员代表颁发了“时代楷模”奖牌和证书。中央政法委、公安部、福建省委有关负责同志和“漳州 110”成员代表参加发布仪式。

新华社北京 2021 年 1 月 10 日电

扫码观看发布仪式

《时代楷模发布厅》

编　辑：孙　岭

王　燕　邓　晶　孟　琛

黎　甜　巩　雪　张薏谨

中央电视台，2021 年 1 月 10 日